Nicky Cruz
Der Teufel ist los

Nicky Cruz

Der Teufel ist los

Ein Christ erlebt die Macht des Bösen

Aussaat Verlag Neukirchen-Vluyn

ABC team

ABCteam Bücher erscheinen in folgenden Verlagen:
Aussaat Verlag Neukirchen-Vluyn
R. Brockhaus Verlag Wuppertal und Zürich
Brunnen Verlag Gießen und Basel
Christliches Verlagshaus Stuttgart
Oncken Verlag Wuppertal und Kassel

Die amerikanische Original erschien unter dem Titel
SATAN ON THE LOOSE bei Fleming H. Revell Company,
Old Tappan, New Jersey

Aus dem Amerikanischen von Wilhelm Bender.
Neu bearbeitet von Johannes Volkert

3. Taschenbuchauflage 1997

Umschlaggestaltung: Hartmut Namislow
Druck: Nørhaven A/S, Viborg
Printed in Denmark
ISBN 3-7615-3534-1
Bestellnummer 113 534

Meiner Mutter

einst in die Magie verstrickt –
heute für immer davon befreit

Inhalt

Seid nüchtern und wacht; denn euer Widersacher, der Teufel, geht umher wie ein brüllender Löwe und sucht, wen er verschlinge. Dem widersteht, fest im Glauben, und wißt, daß ebendieselben Leiden über eure Brüder in der Welt gehen.

1. Petrus 5,8 und 9

Der altböse Feind, mit Ernst er's jetzt meint; groß Macht und viel List sein grausam Rüstung ist, auf Erd' ist nicht seinsgleichen.

Martin Luther

Wenn jemand auf den Glauben der Bibel vertraut, kann er unmöglich auch nur für einen Augenblick die Realität des Teufels bezweifeln.

Denis de Rougemont

Der Teufel ist höchst clever, denn er macht Menschen glauben, er existiere überhaupt nicht.

Gerald C. Treacy

DER TEUFEL IST LOS!

1. Blick ins Dunkel

Unheimliche Geschehnisse beunruhigen gegenwärtig die Welt. Jeder kann es fühlen.

Es trifft Sie plötzlich und unvermutet – es traf mich, ich weiß nicht wie. Ich war auf dem Flug nach Chicago, als sich ein dunkler Schleier langsam über mein Denken legte. Draußen war herrliches, helles Wetter. Wie im Bilderbuch schien die Sonne auf die Felder und Farmen unter uns, und der Himmel war blau; aber ich spürte eine tiefe Unruhe, als wir zur Landung ansetzten.

Es ist albern, sagte ich mir. Ich hatte so viele Redeverpflichtungen, daß ich gar nicht wußte, wie ich ihnen nachkommen sollte; im ganzen Land konnte ich jungen Menschen durch meine Arbeit Hoffnung und Befreiung bringen. Eben erst hatte ich den Vertrag für ein neues Buch unterschrieben. Ich hatte die liebenswerteste Familie und Möglichkeiten, wie ich sie mir besser und interessanter nicht wünschen konnte – aber ich fühlte mich elend.

„Mach dich von dem Gefühl los, Nicky", sagte ich zu mir selbst. „Du hast erfahren, daß dir alles zum Besten wurde – und du hast Gott!"

Aber ich fühlte mich niedergeschlagener denn je.
Es gab keine Erklärung dafür. Je näher wir dem Flugplatz kamen, desto schlimmer wurde es. Es war eine Art Rauchschleier, den ich nicht abwehren und durchdringen konnte. *Hilf mir, Herr Jesus!* flehte ich verzweifelt, aber ich bekam keine Antwort. Er schien weit, weit weg zu sein.
Meine Niedergeschlagenheit hob sich ein klein wenig, als ich mit John Ambrose, einem Verkaufsdirektor und seit vielen Jahren mein Freund, am Flugplatz zusammentraf.
Als ich es mir für die lange Fahrt zu unserem Ziel bequem machte, dankte ich Gott für John und all die anderen Schwestern und Brüder in Christus, ohne die ich meine Arbeit nicht tun könnte.
Der Anblick von John erinnerte mich an das erste Mal, an dem ich in dieser Stadt gesprochen hatte, und an einige der großartigen jungen Leute, die dazu beigetragen hatten, daß dieser Kreuzzug so erfolgreich velaufen war.
„Wie geht es Leif?" fragte ich.
Leif Nyborg war einer jener großen, kräftigen und gutaussehenden jungen Männer, deren Anblick jedermann guttut. Er war Fußballverteidiger, blond und blauäugig, und hatte ständig ein Dutzend junger Männer und Mädchen um sich. Am ersten Abend jenes Kreuzzuges brachte er diesen ganzen Schwarm junger Leute mit in die Kirche; es schien beinahe die Hälfte seines Jahrganges an der Oberschule zu sein. Leif war der Typ von Führernatur, um den jeder Pfarrer für seine Gemeinde betet. Als ich John das letzte Mal gesehen hatte, war Leif mit fünf Autos voller junger Leute mit ihm zum Flugplatz gekommen, um mich zu verabschieden.
John seufzte auf, als wir die Schnellstraße entlangfuhren. „Ich habe ihn in letzter Zeit nur selten gesehen. Er hat sich der Reinkarnationslehre verschrieben."

„Was hat er?“ fragte ich.
„Er ist der Reinkarnationslehre verfallen. Du weißt doch – der Glaube, daß man nach dem Tode immer wieder auf die Welt zurückkehren muß.“

In mir wurde eine dunkle Erinnerung wach, aber ich konnte mich nicht entsinnen, wo ich etwas Ähnliches schon einmal gehört hatte. Eine schlimme Vorahnung wuchs in mir. Mich bedrückte ein Gefühl, so düster wie der schmutzige Michigansee zu unserer Linken.
John fuhr fort: „Vor ein paar Monaten begann Leif von Astrologie zu reden – Sonnenflecken, Einflüsse der Gestirne und all das. Er behauptete, die Weisen aus dem Morgenland seien Astrologen gewesen – was nach allem, was ich weiß, möglich ist –, aber ich mag die Art nicht, in der er damals darüber sprach. Eine Zeitlang machte er dann viel Wind darum, daß Jesus ein „Steinbock“ gewesen sei, wie er sich, soweit ich mich erinnere, ausdrückte, und dann sprach Leif von Christus als von einem vollkommenen Meister. Er meinte wohl, Jesus sei ein Meister – nicht der Herr –, denn er habe mehrere Wiedergeburten durchlaufen, bis er die Vollkommenheit erreichte. Nun sagt Leif, jeder müsse so lange immer wieder ins Leben zurückkehren, bis auch er ein vollkommener Meister sei.“
Jetzt war ich wirklich niedergeschlagen. „Und was ist aus den anderen jungen Leuten geworden?“
John senkte den Kopf. „Die meisten reden genau wie Leif. Übrigens, erinnerst du dich an Olga Sentiri?“
Ich versuchte, den Namen einzuordnen.
„Es würde mich sehr überraschen, wenn du dich an sie erinnern könntest. Sie ist eines der Mädchen in unserer Gemeinde, das noch nie auf irgend jemanden einen besonderen Ein-

druck gemacht hat. Aber sie rief gestern zweimal an und sagte, sie wolle dich treffen."
Wir hatten gerade bei den Ambroses mit dem Abendessen begonnen, als das Telefon läutete. Die Stimme am anderen Ende der Leitung war so eindringlich, daß ich trotz meiner Reisemüdigkeit einwilligte, noch an diesem Abend mit Olga zu sprechen. John und seine Frau ließen uns im Wohnzimmer allein, als sie ihre Geschichte erzählte.
Olga, ein zierliches, überschlankes Mädchen, etwa achtzehn Jahre alt, faltete und entfaltete beim Sprechen nervös ihre Hände. „Ich weiß nicht mehr aus noch ein, Mr. Cruz", sagte sie mit tonloser Stimme.
„Sag Nicky zu mir", antwortete ich und fragte: „Was ist los?"
Die Geschichte, die zwischen den blassen Lippen hervorsprudelte, erschütterte mich. Olgas Vater hatte seine Familie vor Jahren verlassen. Ihre Mutter begann kürzlich ein befremdliches Treiben. Sie gestaltete ihre Kellerbar in einen, nach Olgas Worten, „Spukraum" um, und alle paar Wochen war ihre Mutter nun entweder fast eine ganze Nacht lang weg oder „ihre Teufels-Freunde" trafen sich in ihrem Keller.
„Teufel?" fragte ich. Ich wußte, wie häufig junge Leute heutzutage ihren Eltern mit Haßgefühlen gegenüberstehen.
„Ja, ich meine Teufel!" sagte Olga mit einer Stimme, die zunehmend schärfer und schriller wurde. „Du solltest nur einmal ihre Augen sehen, Nicky! Zwei von diesen Männern blicken wie der Satan selbst. Und die Lieder und die Gerüche, die durch das Haus hallen und ziehen, wenn sie in unserem Keller zusammen sind!"
„Olga", sagte ich, „das klingt fast genau wie das, was manche Eltern mir von ihren Kindern berichten."
„Aber dies ist *anders*", entgegnete sie. „Vor vierzehn Tagen trafen sie sich wieder in unserem Haus. Ich war irgendwo

als Babysitter, kam aber früher nach Hause, und als meine Mutter mich hörte, kam sie die Treppe hochgelaufen und machte ein ganz sonderbares Gesicht, fast wie ein Kind, das bei einem Streich erwischt wird. Aber schließlich sagte sie: ‚Du bist schon ein großes Mädchen, Olga, und es gibt einige Dinge, die du allmählich kennenlernen solltest.'
Mutter forderte mich auf, in den Keller hinunterzukommen", fuhr Olga fort, „und da waren etwa ein Dutzend Leute. Es war eine Art Gottesdienst – nur umgekehrt. Ich meine wirklich umgekehrt, Nicky. Sie sagten das Vaterunser rückwärts. Mutter hatte eine Art Altar aufgestellt mit schwarzen Kerzen darauf, und an der Wand dahinter hing ein umgekehrtes Kreuz.
Nicky, sie lasen allerlei gräßliche Dinge aus einem schwarzen Buch vor, und sie sprachen einige Gebete – nicht zu Gott, sondern zu Geistern mit Teufelsnamen. Ich entsinne mich an ein Gebet an Luzifer. Dann war da ein ‚Geist der alten Macht', den sie anriefen, er möge ‚aus der feurigen Tiefe' aufsteigen, und ich glaube, er kam auch, Nicky. Und einen Augenblick später, als alles still war wie ein Grab, konnte man richtig spüren, wie etwas Böses in den Keller kam. Es brannten eine Menge Weihrauchstäbchen, und ich glaube, daß einige der Anwesenden Opium rauchten. Sicher bin ich nicht, aber die Luft schien dicker und dunkler zu werden, und ich konnte eine Veränderung auf einigen Gesichtern beobachten.
Einer der Anwesenden legte eine verrückte Schallplatte auf. Meine Mutter zog ihre Schuhe aus, ein paar Leute legten einen Teil ihrer Kleidung ab, eine Frau und zwei Männer zogen sich ganz aus. Alle tanzten jetzt wild durch den ganzen Raum. Einige begannen, wie Hunde zu bellen.
Ich merkte, wie mich einer der Männer mit besessenen Blik-

ken anstarrte, und plötzlich packte er mich an den Handgelenken und zwang mich, in eine dunkle Ecke zu gehen ..."
Olga fing an zu schluchzen, und mir brach es fast das Herz. Ich betete um die richtigen Worte, die ihr helfen konnten.
„Er hat mich vergewaltigt, Nicky!" schluchzte sie. „Er war wie ein tollwütiger Hund – nur noch schlimmer! Dann kamen noch zwei andere Männer – ich schäme mich so, ich wünschte, ich wäre tot!"
„Weiß deine Mutter, was geschehen ist?" fragte ich.
„Natürlich weiß sie es! Ich glaube, sie ist glücklich! Ich hörte sie vorhin am Telefon zu irgend jemandem von ihrer ‚Frömmlerin' sprechen, und ich bin überzeugt, daß es ihr mit dem Gebet aus jener Nacht ernst war: *Satan sei mein Gott!* Nicky, ich glaube nicht, daß diese Menschen vor irgend etwas zurückschrecken würden."
Gott gab mir Worte, an die ich niemals selbst gedacht hätte. Worte, die einem übel zugerichteten kleinen Menschenherzen wenigstens etwas Trost und Ruhe gaben. Wir baten John Ambrose und seine Frau hereinzukommen und mit uns darum zu beten, daß Olga wieder die Liebe der Vergebung und die Freude des Herrn fände und die Befreiung vom Bösen.
In dieser Nacht warf und wälzte ich mich Stunde um Stunde auf meinem Bett hin und her. Ich kochte vor Wut über Olgas Mutter und die Männer, die dieses unschuldige Mädchen vergewaltigt hatten. Mich quälte der Gedanke an Leif, der alle Voraussetzungen mitbrachte, ein großartiger christlicher Führer zu werden. Ich dachte an die Zukunft.
Man hat mich oft gefragt, was ich von der Zukunft der „Jesus People"-Bewegung halte. Ich glaube, daß sie ein Werk Gottes ist, für das viele von uns gebetet haben. Im ganzen ist sie sein Werk und wird irgendwie bestehenbleiben. Aber ich fürchte, daß sich viele junge Leute nur dazu hingezogen

fühlten und fühlen, weil es Mode war. Das sind die, die nur so lange dabeibleiben, bis die nächste Modewelle kommt, und dann Jesus den Laufpaß geben.

Nun hatte es den Anschein, als ob die Satans-Bewegung der neue Trend werden wollte.

Ich fühlte mich deprimiert wie nie zuvor, als andere Dinge in meiner Erinnerung aufstiegen: Wohin ich auch komme, gibt es zahllose Menschen, die von Horoskopen und Astrologie sprechen; das Interesse für Hellseherei, Transzendentale Meditation, östliche Religionen, Zauberei, Geisterbeschwörung, Dämonenkult, Aberglaube bis hin zum Satans-Kult nimmt überhand. Vor allem die Jugend wendet sich dem zu.

Und dann gingen meine Gedanken zurück in die Zeit, als ich Führer der Mau-Mau-Bande in New York war. Ich dachte an Little Bit.

Little Bit war ein pfiffiges, lockenköpfiges Bürschchen von zehn Jahren, das ständig versuchte, sich den Mau-Maus anzuschließen. Jeder in unserer Bande lachte darüber, denn er sah noch jünger aus, als er in Wirklichkeit war. Wir verscheuchten ihn ein ums andere Mal von unserem Treffplatz, aber er lungerte ständig in der Gegend herum, um hinter uns herzuschleichen, wenn wir eine Keilerei ausfochten, und an unserer Seite zu kämpfen.

Eines späten Abends, als wir Mau-Maus uns mit den Bishops schlugen, tauchte hinter uns eine Bande der Phantom-Lords auf. Zahlenmäßig jetzt unterlegen, mußten wir einen Fluchtweg benutzen, den wir uns für den Notfall offengehalten hatten. Er führte über die Dachfirste eines ganzen Blocks. Um auf das letzte Dach hinüberzukommen, mußten wir eine große Distanz zwischen zwei Gebäuden überwinden.

Nighthawk und ich waren als erste hinüber, und jeder unserer Bande schaffte es sicher. Als alle die Feuerleiter hinunterflitzten, warf ich einen letzten Blick zurück und sah drei von den Phantom-Lords hinter uns her über das Dach rennen – und vor ihnen Little Bit.

Ich schrie: „Nicht springen, Little Bit!"

Es war zu spät. Er wagte den Sprung, flitzte über das Dach und glitt zwischen den zwei Gebäuden in die Tiefe.

Fast.

Er fiel zunächst nur kurz. Seine rührenden kleinen Hände klammerten sich für einen Augenblick am Gebäudesims fest, aber dann konnte er nicht mehr, und sein Schrei, als er in die Tiefe stürzte, endete in einem dumpfen Aufprall unten in der Straßenschlucht. Nach dieser Nacht sprach keiner von den Mau-Maus mehr viel von Little Bit, aber wenn uns wieder ein kleiner Junge folgen wollte, zogen wir, wenn es nötig wurde, unsere Messer, um ihn zu verjagen.

Little Bit war von dem prickelnden Reiz angezogen worden, zu einer Straßenbande zu gehören. Er hatte genausowenig eine Vorstellung davon, worauf er sich dabei einließ, wie die vielen tausend jungen Leute, die vom Okkultismus unserer Tage angezogen und in ihn hineingezogen werden.

Als ich so schlaflos auf meinem Bett lag, dachte ich plötzlich an meine früheste Kindheit auf Puerto Rico. Was hatte John Ambrose von Leif gesagt? „Er ist der Reinkarnationslehre verfallen... dem Glauben, daß man immer wieder neu zur Welt kommen muß..."

Mir fiel Mutter ein, wie sie in unserer kleinen Küche in Las Piedras in einem großen Suppentopf rührte. „Ich habe nicht immer Suppe gekocht", sagte sie mit verträumter Stimme. „Ich war einmal eine große Köchin, und viele Señoritas brachten mir alles, was ich nur haben wollte."

Vater kam mir in den Sinn, wie er etwas sagte von „mehrmals leben". Jahrelang hatte ich solche Erinnerungen aus meiner

Vergangenheit verdrängt. Sie gehörten zu einem Abschnitt meines Lebens, von dem ich froh war, ihn hinter mir gelassen zu haben. Aber jetzt begannen sie in meinem Bewußtsein wieder aufzutauchen.

Während sich heute junge Leute der verlockend schillernden Magie, der Reinkarnationslehre und der ganzen dunklen Welt des Okkultismus zuwenden, als ob das etwas Brandneues wäre, kenne ich alle diese Dinge genau und weiß darüber längst Bescheid. Ich wurde in dieser Welt geboren und wuchs darin auf. Mein eigener Vater war ein Magier, meine eigene Mutter ein Medium. Ich kenne die Anziehungskraft, die die Welt der Magie ausübt – und ihre unabsehbaren Gefahren.

In dieser unruhigen Nacht überfiel mich ein Gedanke. Es war mir, als spräche Gott:

Nicky, du kennst die Welt des Okkulten. Du bist wie kein anderer dazu in der Lage, mein Licht in diese Dunkelheit zu bringen. Du bist nicht groß geworden, um in einer solchen Zeit zu schweigen. Was du weißt, darüber schreibe!

„Herr", sagte ich leise, „du weißt, daß ich soeben einen Vertrag abgeschlossen habe, ein Buch über das Leben im Glauben zu schreiben."

Ja, ich weiß, schreibe ein Buch über den Satan!

Ich war sicher, daß Gott mich geführt hatte, als ich den Vertrag unterschrieb. Ich hatte vorgehabt, in das neue Buch ein Kapitel über Zauberei einzufügen, aber nun ein ganzes Buch über den Teufel? Was würde mein Verleger sagen, wenn ich mit einem ganz anderen Thema für mein Buch käme? Ich konnte es mir nicht vorstellen. Aber mein klarer Auftrag blieb ungeachtet dieser Zweifel bestehen, und ich vertraute Gott, daß er mir den Weg weisen würde, wie er es schon so oft getan hatte, damit ich seinen Willen erfüllen konnte.

Am nächsten Morgen besprach ich meine Überlegungen mit John Ambrose und seiner Frau.
„Nicky“, sagte John beim Frühstück, „du weißt, immer, wenn Gott ein großes Werk tut, versucht der Teufel, Sand ins Getriebe zu streuen. Wenn Gott seinen guten Samen ausstreut, sät der Teufel Unkraut dazwischen. Und wenn der Feind wie eine Woge hereinbricht, richtet der Heilige Geist einen Schutzwall dagegen auf. Ich habe oft gedacht, daß Gott, als er David Wilkerson so viel dafür einsetzen ließ, um dich zu Christus zu führen, mit dir mehr vorhatte, als du bis jetzt getan hast. Vielleicht hat Gott damals in den fünfziger Jahren viel weiter gesehen, nämlich auf das, was er zwanzig Jahre später durch dich tun kann, wenn sich der Teufel ausbreitet. Es sieht ganz so aus, als ob er dich zu der wichtigsten Aufgabe ruft, Nicky, die ich mir vorstellen kann.“
Seit jenem Morgen sind mir die Augen für das dämonische Unwesen aufgegangen wie nie zuvor – ich kann es nicht anders bezeichnen als die Nacktheit des Teufels. Mir ist ein ums andere Mal die Macht des Bösen entgegengetreten. Aber gleichzeitig wurde ich zunehmend überzeugter von Gottes Macht, inmitten von teuflischer Anfechtung und Umklammerung Frieden und Befreiung zu geben.
Der Teufel ist los! Sie werden besser gewappnet sein gegen das, was er vorhat, wenn Sie jetzt mit mir auf die tropische Insel gehen, wo Tausende auf der Suche nach übernatürlicher Hilfe zu meinen Eltern kamen.

2. *Mein Vater, der Magier*

In meinen frühesten Kindheitstagen nahm ich es als selbstverständlich hin, daß Leute zu unserem stuckverzierten Haus in Las Piedras auf Puerto Rico kamen, um übernatürliche Weisung oder Heilung zu suchen. Aber den Versammlungen meiner Eltern, in denen sie die Hilfe der Geister erbaten, schenkte ich nie große Aufmerksamkeit. Tatsächlich glaubte ich nicht daran, und wie Sie vielleicht aus meinem Buch *„Flieh, Kleiner, flieh"* wissen, hatte ich mit meinen Eltern bis zu meinem fünfzehnten Lebensjahr ständig Auseinandersetzungen. Als ich von zu Hause wegkam, war ich überglücklich.

Kurz nachdem ich mich entschieden hatte, dieses Buch zu schreiben, rief mein Verleger an: „Nicky, wir hatten eben eine Verlagsbesprechung wegen Ihres Buches. Wir meinen, Sie sollten zunächst ein Buch über den Okkultismus schreiben. Wir haben uns überlegt – würden Sie das geplante Buch zurückstellen, solange Sie an diesem neuen schreiben?"

„Die Frage erübrigt sich, ich bin bereits dabei!" antwortete ich.

Mir war klar, daß ich einige lange Gespräche mit meiner Mutter würde führen müssen, um mein Vorhaben auszuführen. Mein Vater ist tot. Aber sie lebt noch in Las Piedras und ist heute eine überzeugte Christin, die aktiv in der Gemeinde mitarbeitet. Immer, wenn ich etwas Zeit erübrigen kann, besuche ich sie, um mit ihr zu sprechen. Manchmal bringe ich ihr etwas Fleisch und Gemüse mit und setze den Fleischtopf zum Kochen auf, solange wir uns unterhalten.

Ich wünschte, Sie könnten Mutter sehen. Nur wenige Menschen würden glauben, daß sie fast siebzig Jahre alt ist. Ihr Gesicht ist faltenlos und strahlt Frieden und Liebe aus. Sie ist ein ganz anderer Mensch als die Mutter, die ich früher nur gehaßt hatte (und ich bin ein ganz anderer Sohn!). Wenn wir zusammen sind, ermahnt sie mich gern.

„Nicky", sagt Mutter dann auf Spanisch, „wie geht's, mein Junge?"

Wenn ich ihr von meinen Evangelisations-Kreuzzügen und den Jugend-Zentren berichte, die wir nacheinander eröffnen, sagt Mutter stets: „Das ist gut, Nicky. Aber vergiß die Demut nicht. Der Teufel möchte dich stolz machen. Denke daran, wer dich dahin geführt hat, wo du heute bist."

Mutter fragt auch gern: „Bist du immer noch so jähzornig?" Sie hat nicht vergessen, welch überschäumendes Temperament ich haben kann. Oder sie fragt: „Wie kommst du mit Gloria aus? Du darfst nie etwas zwischen dich und deine Frau kommen lassen. Und meine Enkelinnen? Du verwöhnst sie doch nicht etwa?"

Mutter ist ein großartiger Beichtvater.

Aber in all den Jahren, seit sie zu Christus fand, hat sie bis zum Sommer 1972 nie mit mir über die alten Zeiten der Magie und des Okkultismus gesprochen. Wir waren wohl beide froh gewesen, dieses Kapitel unserer Familiengeschichte vergessen zu können. Jetzt aber schien die Zeit gekommen zu sein, ruhig und ernst darüber zu reden. Kurz nach meinem Telefongespräch mit dem Verlag flog ich nach San Juan. Alle Zeit, die ich erübrigen konnte, verbrachte ich in dem nahegelegenen Las Piedras und sprach mit meiner Mutter über Magie, Spiritismus und besonders über Vater. Für alles, was ich im folgenden schreibe, danke ich Mutter, deren Erinnerung meine eigene aus diesen Tagen wieder lebendig machte. Ebenso gilt mein Dank auch meinen anderen Angehörigen, mit denen ich über meinen rätselhaften Vater gesprochen habe.

Vater war ein großer und starker Mann, körperlich wie geistig. Er war ein Typ, der nicht lauter sprechen mußte, um Respekt zu finden; er strahlte förmlich Macht über Menschen aus. Meine Brüder und ich hatten große Angst, er könne uns bei einer Übeltat ertappen, denn er war sehr streng. Andererseits war er sowohl unerbittlich als auch freundlich. Wir wußten, daß er uns liebte, und wir schätzten ihn. Andere Leute verehrten ihn zu Hunderten. Vater war gesellig und hatte viel Humor. Daß noch heute Leute zu unserem Haus nach Las Piedras kommen, damit er ihnen helfe, obwohl er bereits 1964 gestorben ist, mag Ihnen eine Vorstellung davon vermitteln, wie sehr er geschätzt wurde. Am Sonntag, ehe ich meine Mutter besuchte, kam ein Farmer zu unserem Haus, um Vater aufzusuchen! Natürlich erzählte Mutter ihm von dem Heiland, der weit größer ist als „der Große" von Las Piedras. Aber als ich noch klein war, war Jesus Christus für viele Menschen nur irgendein Name. Wegen praktischer Hilfe kamen sie zu meinem Vater. Und wenn sie die Kranken zur Heilung zu unserem Haus brachten, waren sie überzeugt, daß „der Große" es schaffen würde.

Einmal wurde ein Mann in einer Hängematte den Hügel zu unserem Haus hochgetragen. Das eine Bein war so geschwollen, daß man meinen konnte, seine letzte Stunde sei gekommen. Aber wer das dachte, der kannte Vater nicht.
„Bring mir die Heilblätter", sagte er zu Mutter, die schnell aus unserem Garten einen großen Korb mit dunkelgrünen Blättern herbeibrachte. Diese häufte er dick auf das verfärbte, geschwollene Bein. Dann nahm er einen Wasserkessel in seine großen Hände und betete.
„Heiliger Michael, Geist der Kraft und des Lebens", sagte er und schien dabei in weite Ferne zu blicken, „überwinde den teuflischen Geist, der meinen Bruder befallen hat. Wie Wasser das Feuer löscht, so lasse dies Wasser das Fieber meines Bruders kühlen und seine Krankheit austreiben."
Dann spritzte Vater Wasser aus dem Gefäß über das laubbedeckte Bein. Der Mann stöhnte, und seine Freunde, die ihn gebracht hatten, beugten ihre Knie, seufzten und beteten.
„Wenn du dieses Wasser trinkst", sagte Vater daraufhin, „wirst du geheilt werden."
Er hob den Kopf des Mannes mit einer Hand und hielt das Gefäß mit der anderen an seine Lippen. „Trink!" befahl er. „Trink den ganzen Rest!"
Als der Mann trank, schlüpften fünf lange wurmartige Dinger aus seiner Zehe heraus, und die Schwellung ließ nach.
Vaters Ansehen war so groß, daß die Kranken sogar in Hängematten, auf Krankenbahren und Klappbetten um unser ganzes Haus herum gelagert wurden. Sie alle wurden wegen Vaters großer Heilkraft hergebracht. Sie kamen vor allem zu den Versammlungen, die montags, mittwochs und freitags im Geister-Haus stattfanden. Das Geister-Haus, wie meine Brüder und ich es nannten, war ein kleines Gebäude mit einem runden Tisch darin, um den meine Eltern und andere

Leute sich zu ihren spiritistischen Sitzungen zu versammeln pflegten. Manchmal blieben sie den ganzen Tag über zusammen, manchmal einige Stunden am Abend, und sie riefen dabei „die guten Geister“ um Hilfe an. Vater war der Präsident des spiritistischen Zentrums unserer Gegend. Als immer mehr Menschen zu den Versammlungen kamen, baute man daneben ein größeres Geister-Haus.

Dieses neue Gebäude wurde zu einer Art spiritistisch-theologischem Seminar. Sooft Vater jemanden mit okkulten Fähigkeiten ausfindig machte, holte er ihn zum Geister-Haus, um ihn auszubilden. Einer dieser Schüler, Gomez, ist heute selbst Leiter eines spiritistischen Zirkels. Ich kann mich daran erinnern, daß Gomez einst so tat, als sei er der Chef unseres Zentrums. Er hielt eine spiritistische Sitzung ab, während Vater auf einer Reise nach Arecibo unterwegs war. Als Vater zurückkam, bat er Gomez zu einer Besprechung unter vier Augen ins Geister-Haus und führte ein langes, ernstes Gespräch mit ihm.

Wie Vater berichtete, wurde Gomez leichenblaß und zitterte vor Angst, wie er es noch nie bei jemandem erlebt hatte. „Um etwas derartiges zu tun“, sagte Vater zu ihm, „genügt es nicht, okkulte Fähigkeiten zu haben. Die hast du. Aber solange du nicht gelernt hast, sie richtig zu benutzen, wirst du damit zerstörerische Kräfte freisetzen, von denen du dir keine Vorstellung machen kannst!“

Es war ein typisch sonniger puertoricanischer Tag, aber kaum hatte Vater diese Worte ausgesprochen, als sich der Himmel urplötzlich verfinsterte. Ein Blitz zuckte aus den Wolken, und ein ungeheurer Donnerschlag ließ die Erde erbeben.

Vater beschwor derart wirkungsvoll die Geister über Gomez, daß er schon sehr bald heulend zu ihm kam und um Verzeihung bat. Daraufhin stellte Vater ihn unter den Schutz anderer

Geister. So erfuhr Gomez, wie gefährlich es werden kann, mit okkulten Dingen zu spielen.
Am Anfang seiner spiritistischen Laufbahn befaßte sich Vater mit der sogenannten Schwarzen Magie. Ein Mann bat ihn, den Fluch auf einen mit ihm verfeindeten Menschen zu legen. Vater schlachtete ein schwarzes Huhn, verspritzte das Blut auf das Bild des Feindes und durchstach dann dessen Gesicht mit einem Messer. Wie wir erfuhren, wurde der behexte Mann schwer krank.
Schon nach kurzer Zeit wandte Vater sich der Weißen Magie zu und lehnte es künftig ab, irgend jemanden mit einem Fluch zu belegen. „Die guten Geister müssen uns helfen, die bösen zu vertreiben", pflegte er zu sagen. „Man braucht doch nicht zu zerstören. Aufbauen ist besser als einreißen."
Meine Eltern waren der Überzeugung, daß die guten Geister unsere Familie beschützten – aber sie mußten beide auf der Hut vor bösen Geistern sein. Sie meinten, daß oft die bösen Geister mitkämen, wenn sie die guten zu Hilfe riefen. So trafen sie alle nur erdenklichen Vorkehrungen, um die bösen Geister abzuwehren.
Wenn im Geister-Haus Zusammenkünfte abgehalten wurden, stand gewöhnlich eine Kristall-Karaffe oder ein Glas Wasser mitten auf dem Tisch. Solange die guten Geister angerufen wurden, konzentrierte sich jeder am Tisch auf dieses Gefäß. Mutter saß neben Vater, und jeder faßte seinen Tischnachbarn an den Händen, bis Vater erlaubte, sich loszulassen. Er tat dies nie eher, als bis er sicher war, daß keine bösen Geister im Raum waren. Der Kreis der Hände, so meinten sie, würde sie abhalten.
Eine junge Frau, die zu uns gebracht wurde, machte auf jeden, der sie erlebte, einen tiefen Eindruck. Zeitweise schien sie völlig normal, dann aber von bösen Geistern besessen zu

sein. Einmal riß sie sich die Kleider vom Leib und sagte Dinge, die Mutter wütend und Vater ganz verlegen machten. Dann bekam ihr Gesicht plötzlich den Ausdruck eines alten Mannes; sie sprach mit langsamer Fistelstimme und zitterte genauso, wie wir es bei alten Menschen kennen. Kurz darauf knirschte sie mit den Zähnen und hatte Schaum vor dem Mund.

Das Mädchen wurde ins Geister-Haus gebracht und auf eine Bahre gelegt, während die um den Tisch versammelte Gruppe sich um Hilfe für sie bemühte. Plötzlich fing Mutter an, sich wie das Mädchen zu benehmen; sie sah auch genauso aus. Dann sank das Mädchen auf der Liege in sich zusammen, und Mutter lief weißer Schaum aus einem Mundwinkel.

Vater befahl allen, sich zu konzentrieren; er saß ganz still, seine große Hand auf Mutters Hand gelegt. Lange saß er steif wie eine Statue und starrte Mutter an, als ob er den Blick nicht von ihr abwenden könne. Schließlich entspannte er sich und sprach.

„Aleja", sagte er und wandte sich an Mutter, „hat das Leiden dieses Mädchens auf sich genommen, damit sie mir helfen kann, es zu heilen. Jetzt weiß ich, was getan werden muß." (Der volle Name meiner Mutter ist *Alejandrina*, was mit Alexandra übersetzt werden kann.)

Vater schaute sich im Raum um. Sein Blick fiel auf eine Eidechse, die nahe bei einem Fenster an der Wand saß.

„Das Leiden dieses Mädchens soll in diese Eidechse fahren", sagte Vater. „Sobald das geschieht, wird das Mädchen geheilt sein."

Und sofort sauste die Eidechse wie der Blitz zum Fenster hinaus. Das Mädchen setzte sich auf seiner Liege auf, Mutter aber richtete sich auf, als ob sie gerade aus tiefem Schlaf erwacht wäre.

Das Zusammenwirken meiner Eltern in dieser Weise war so stark, daß es geradezu unheimliche Erlebnisse zur Folge hatte. Meine Mutter konnte sich in eine derart absolute Übereinstimmung mit leidenden Personen versetzen, daß sie die Krankheit oder das Leiden des Betreffenden in ihr eigenes Wesen und ihren eigenen Körper verpflanzte. War diese Übertragung geschehen, öffnete sie sich ganz den Geistern, die ihr die wahre Ursache des Übels offenbarten. Dann trat Vater, oft ohne Worte, mit ihr in Verbindung, um die Ursache zu erfahren und abzustellen. Aber in der Regel befand sich Mutter dabei in einem tiefen Trance-Zustand und konnte sich hinterher an nichts mehr entsinnen.

Ein Mann, der auf einer Zuckerplantage in der Nähe von Humacao arbeitete, schleppte sich den Weg zu unserem Haus herauf. Er hatte einen stumpfen Blick und eine grünlichgelbe Gesichtshaut. Er sagte, er fühle sich seit zwei Monaten krank, der Arzt finde nicht heraus, was ihm fehle. Im Verlauf der Zeremonie begann Mutter ihm in erschreckender Weise zu ähneln; sogar ihr Gesicht wurde gelb und eingefallen. Schließlich forderte Vater den Mann auf, unter der nördlichen Ecke seines Hauses zu graben.

„Sie werden dort sieben Hühnerknochen finden, die an einem Sargnagel festgebunden sind“, sagte Vater. „Verbrennen Sie alles in einem Feuer, in dem auch das Eisen schmelzen muß, und der Fluch, der auf Ihnen lastet, wird abfallen.“

Zwei Tage später kam der Mann zurück und brachte eine Ziege. Er sah viel, viel jünger und gesünder aus. Zu Vater sagte er: „Die Knochen waren genau da, wo Sie gesagt hatten. Ich habe Ihre Anweisungen befolgt, und der Fluch ist weg. Bitte nehmen Sie die Ziege als Zeichen meines Dankes für dieses Wunder.“

Der Ruf meines Vaters verbreitete sich sogar bis in die Verei-

nigten Staaten. Eines Tages kam eine Frau eigens aus New York zu uns und berichtete, sie sei von New York hierhergeflogen, um Senor Cruz zu sehen. Sie sah sehr blaß und eingefallen aus. Zu Hause war sie einem Puertoricaner begegnet, der ihr von der Macht meines Vaters erzählt hatte.
„Ich glaube nicht an Geister", sagte diese Amerikanerin zu meinem Vater, „aber ich wollte einmal sehen, wie ein Wunderdoktor aussieht. Weiß Gott, kein Arzt findet heraus, was mir fehlt, und ich bin sicher, daß Sie es auch nicht schaffen."
„Setzen Sie sich", forderte mein Vater sie auf. „Ich will Ihnen einiges über Ihre Person und Ihre Verhältnisse sagen."
Die Frau lachte nervös auf. „Wenn Sie Genaues über mich sagen können, müssen Sie aber einen hervorragenden Spürsinn haben."
„Nein", sagte mein Vater. „Sie haben kein Zutrauen zu mir. Ich will Ihnen Zutrauen geben. Ich werde dorthin gehen, wo Sie herkommen, und es Ihnen beschreiben."
Vater schloß die Augen. Es herrschte absolute Stille. Dann begann er langsam zu sprechen. „Sie kommen nicht von New York, sondern aus einer Stadt in der Nähe von New York. Sie wohnen in einer Straße mit vielen Laubbäumen. An der Straße vor Ihrem Haus ist ein eiserner Gartenzaun. Sie leben mit jemandem zusammen – zwei Personen. Ihre Mutter sitzt in einem Rollstuhl. Ihr Mann hinkt etwas. Er macht sich Sorgen. Er denkt über eine sehr große Firma nach, die Telefone und Kabel herstellt . . ."
Vater brach ab, denn in diesem Augenblick wurde die Besucherin weiß und fiel in Ohnmacht. Als sie wieder zu sich kam, flüsterte sie mit weit aufgerissenen Augen: „Mein Mann besitzt eine Menge Aktien einer solchen Gesellschaft, und er meinte gestern, er wolle einen Teil davon verkaufen. *Wie konnten Sie das wissen?"*

„Die Geister zeigen mir viele Dinge“, antwortete Vater. „Eines davon ist, daß Sie krank sind. Ein quälender Geist hat Sie in seiner Gewalt. Wollen Sie davon befreit werden?“ Da fing die Frau an zu weinen. „Ich bin hergekommen, um das alles zu belächeln“, brachte sie unter Tränen heraus, „aber jetzt werde ich alles tun, was in meiner Macht steht, um gesund zu werden. Bitte, helfen Sie mir!“

Vater stand auf, legte seine großen Hände auf den Kopf der Frau und schloß die Augen. „Quäler, fahre aus!“

Wieder weinte die Frau, diesmal aber vor Freude. „Ich fühle mich frei!“ sagte sie. „Zum ersten Mal seit Jahren! Ich bin frei!“

Als sie ging, wollte sie Vater Geld geben, aber er nahm es nicht an. Er wies oft Geld zurück, das ihm als Bezahlung für seine Dienste angeboten wurde. Aber viele Leute überließen uns Geschenke aus Dankbarkeit – Geld, Eier, Hühnchen, Schweine, Kälber, manchmal Ziegen oder sogar eine Kuh.

Vater betätigte sich auch als Wahrsager. Ich glaube, daß er viele seiner Gaben von seiner Mutter geerbt hat, die auf der puertoricanischen Insel Vieques, auf der auch Vater aufwuchs, wahrsagte und Kranke heilte. Obwohl sie weder lesen noch schreiben konnte, sagte sie werdenden Müttern voraus, ob es ein Junge oder ein Mädchen würde. Und in der Vorhersage des Zeitpunktes der Niederkunft war sie genauer als die Ärzte oder Hebammen.

Für mich steht außer Zweifel, daß Vater übersinnliche Kräfte besaß. Aber ich kann auch zwei andere Dinge nicht vergessen. Manchmal wurde Vater von einem Geist ergriffen, gegen den er machtlos war. Ich entsinne mich daran, daß er einmal meinen jüngsten Bruder packte, ihm einen Strick um den Hals band und ihn am Ast eines Baumes aufhängen wollte. Nur dem vereinten Widerstand von Mutter und uns anderen

Brüdern gelang es, Vater wieder zur Vernunft zu bringen und den Jungen, den beide Eltern zärtlich liebten – wenn sie selber bei Sinnen waren –, vor dem Tod durch Erhängen zu bewahren.

Das zweite ist ein Mensch, dem Vater nicht helfen konnte. Ehe er Mutter begegnete, war er schon einmal auf der Insel Vieques verheiratet gewesen und hatte dort drei Kinder. Sein Sohn Angelin bekam gelegentlich merkwürdige Anwandlungen. Einmal brannte er von zu Hause durch und wurde von Farmern auf der anderen Seite der Insel gefunden – er war vollkommen nackt, lallte unverständliche Worte und wehrte sich wie ein wildes Tier. Manchmal stieß er in einem Anfall seinen Kopf so heftig gegen die Wand und gebärdete sich so wild, daß Vater ihn fesseln mußte.

In seinen Jugendjahren hatte Vater selbst derartige Anfälle gehabt. Dadurch hatte er wohl auch zur Magie gefunden. Als er etwa siebzehn Jahre alt war, glaubte er, er habe es geschafft und den Geist unter Kontrolle, der ihn regelmäßig überwältigte und wie einen Wahnsinnigen toben ließ. In seinen achtundsiebzig Lebensjahren hat er viele Besessene von ähnlichen Beschwerden geheilt – aber Angelin konnte er in keiner Weise helfen.

Dann kam Angelin eines Tages in eine Erweckungsversammlung. Als zum Vortreten der Erweckten aufgefordert wurde, ging er nach vorne, kniete nieder – und war augenblicklich vollständig von seinem bis dahin unheilbaren Leiden erlöst. Heute ist er ein fröhlicher Christ. Wer ihn sieht, würde niemals glauben, daß er früher unter solchen Anfällen zu leiden hatte. *Jesus brachte Angelin die vollständige Heilung, in einem Fall, in dem Vater nichts ausrichten konnte.*

Vater wußte einige hilfreiche Mittel, aber Mutter hat etwas gefunden, das weit wirksamer ist.

3. Meine Mutter, das Medium

Jeder, der meine Mutter heute sieht, mit ihren strahlenden, schwarzen Augen und dem heiteren, von weißen Haaren eingerahmten Gesicht, würde es kaum für möglich halten, daß diese Frau die meiste Zeit ihres Lebens in okkulte Dinge verstrickt gewesen war.

In den späten zwanziger Jahren war meine Mutter die liebliche Señorita Alejandrina Velasquez. Wie auch mein Vater schien sie eine natürliche Gabe für übersinnliche Dinge zu haben, und seit ihren Jugendjahren nahm sie an spiritistischen Sitzungen in San Juan teil. Als Galo Cruz von Vieques in diese Stadt kam, fühlten sich das hübsche junge Mädchen und der stattliche Mann zueinander hingezogen. In Las Piedras, wo sie so viele Jahre wirkten, gründeten sie bald nach ihrer Heirat das spiritistische Zentrum.

Mutter war für Vater eine großartige Mitarbeiterin. Wie ich schon erwähnt habe, nahm sie oft die Besessenheit von Heilungssuchenden auf sich, damit Vater deren Ursache erkennen und die Heilung erreichen konnte.

Es fiel ihr nicht leicht, die Beschwerden derer zu tragen, die zu uns kamen. Und der Ausgang solcher Unternehmungen war nicht immer sicher. Als meine Eltern einmal einen Patienten im Geister-Haus behandelten, überfiel ein Geist meine Mutter mit solcher Gewalt, daß sie einfach über den Tisch geschleudert wurde. Manchmal war sie von solch entsetzlichen Dämonen besessen, daß mehrere Männer und Frauen sie festhalten mußten. Und meine Mutter ist eine kräftige Frau.

Manche würden meine Mutter als hochsensibel bezeichnen, andere als ein natürliches Medium, wieder andere als eine mit übersinnlichen Kräften ausgestattete Frau. Wahrscheinlich ist und war sie dies alles, ebenso wie mein Vater und viele meiner puertoricanischen Landsleute. Es scheinen mehr übersinnliche Kräfte im Menschen verborgen zu liegen, als irgend jemand bisher erforschen konnte. Und manche Menschen, wie z.B. meine Eltern, mögen auf diesem Gebiet ungewöhnlich begabt gewesen sein. Während meiner Kindheit waren aber alle, die ich kannte, davon überzeugt, daß meine Eltern ihre Heilungen nur mit Hilfe von Geistern Verstorbener vollbringen konnten.

Manchmal kamen Leute zu uns und fragten, ob Mutter nicht Verbindung mit einem verstorbenen Familienangehörigen aufnehmen könne. Dann setzten sich alle in einen Kreis, gelegentlich in unserem Wohnzimmer, meistens aber im großen Geister-Haus, und warteten darauf, daß der betreffende Geist seine Gegenwart zu erkennen gab. Häufig geschah dies durch Mutter oder Vater, manchmal aber auch durch ein anderes Medium. Aber so, wie Vater auf unserer ganzen Insel als „El Taumaturgo“, „der Wunderdoktor“, „der Magier“ und „der Große“ bekannt war, war Mutter bekannt als „das Medium“.

Wenn ich vorhin von den übersinnlichen Kräften gesprochen

habe, dann werden Sie sich fragen, ob ich wirklich glaube, daß Mutter mit den Geistern Verstorbener Verbindung aufnehmen konnte. Ich glaube das nicht – aber ich kann auch nicht glauben, daß sie sich einfach psychischer oder telepathischer Kräfte bediente. Ich bin fest davon überzeugt, daß es sehr viel komplizierter ist. Aber lassen Sie mich darauf später zurückkommen.

Als meine Eltern einmal zusammen mit anderen Medien eine spiritistische Sitzung abhielten, schlich sich mein kleiner Bruder Rafi, damals sechs Jahre alt, zu meiner Mutter in den Raum. Plötzlich streckte sie die Hände aus und packte ihn so hart am Genick, daß er schrie: „Mutter, was ist denn mit dir los?“

Mutter erklärte diesen Vorfall aus ihrer Erinnerung so: „Ich konnte nicht verstehen, was Rafi sagte. Etwas Fremdes war über mich gekommen und hatte mich völlig in der Gewalt. Mein Mann sah mich an und befahl dem Geist, von mir abzulassen. Als er mich verließ, fühlte ich mich schwach und völlig erschöpft; ich konnte mich an gar nichts erinnern.“

In der Tat war dieser Anfall von Mordlust dem Wesen meiner Mutter absolut fremd, zumal sie und Vater Rafi ganz besonders liebten.

Manchmal breitete Mutter einen Stoß Karten aus und sah dabei eines von uns Kindern an; dann wußten wir, daß sie in unsere Zukunft schaute. Aber auch ohne Karten wußte sie viele Dinge über einen Menschen. Nachdem einmal eine Frau unerwartet in Las Piedras zu Besuch gewesen war, sagte Mutter ganz trocken: „Sie wird bald sterben.“ Am nächsten Tag wurde diese Frau von einem Kipplaster angefahren, der auf den Gehweg fuhr, wo sie gerade stand, und sie starb noch auf dem Transport ins Krankenhaus. Die Karten gaben

Mutter ein vollständiges Bild von der Zukunft eines Menschen. Sie sprach aber mit keinem von uns achtzehn Kindern jemals über das, was sie erblickt hatte. Es war ihr wohl klargeworden, daß manche Dinge am besten bei Gott aufgehoben sind.

Kurz nachdem meine Eltern ihr neues Heim in Las Piedras bezogen hatten, sah Mutter schlimme Zeiten kommen. Sie hatte eine Vision von brennenden Häusern und sah die große Wirtschaftskrise voraus. Mutter empfahl den Leuten, die in unser Haus kamen, für schlechte Zeiten Vorsorge zu treffen. Und in den dunklen Tagen der dreißiger Jahre erinnerten sich viele ihrer Warnungen.

Am 6. Januar 1940 hatte Mutter nachts Besuch von einem Geist, der ihr erzählte, daß Japan die Vereinigten Staaten angreifen und ein großer Krieg tief bis nach Puerto Rico hineinreichen werde; jeder Mann zwischen achtzehn und fünfundvierzig Jahren, so sagte sie voraus, werde bald zum Militär eingezogen werden. Hätte Mutter Zeitungen gelesen oder Nachrichten gehört, hätte sie das nicht geglaubt, denn damals erschien nichts unwahrscheinlicher als ein japanischer Angriff auf die Vereinigten Staaten. Die militärischen Fachleute hielten Japan für viel zu schwach und rückständig, um ihm überhaupt große Beachtung zu schenken. Aber fast genau zwei Jahre darauf bestätigte der hinterhältige Angriff auf Pearl Harbour die Stichhaltigkeit ihrer Vorhersage. Obwohl sie eine nach puertoricanischen Maßstäben gute Schulbildung hatte, schenkte Mutter dem Radio oder den Zeitungen ebensowenig Aufmerksamkeit wie Vater. Sie waren beide so sehr mit ihrer Familie und ihrer Arbeit beschäftigt, daß sie nur wenig Zeit für diese Massenmedien hatten. Irgendwie vernahmen sie wichtige Nachrichten im voraus!

Mutter hat nie ein einziges Wort Englisch gelernt. Aber als

ich einmal wenige Minuten nach meinem Bruder Salvador aus der Schule heimkam, bog er sich gerade vor Lachen und flüsterte mir zu: „Horch mal, was Mutter redet!"
Mutter war im Wohnzimmer und murmelte vor sich hin. Zuerst klang es wie sinnloses Gefasel, aber als Salvador übersetzte, verstand ich es. In der Schule hatten wir Englisch-Unterricht, und Mutter sprach nun wie ein gebildeter Engländer. Ich weiß heute nicht mehr, was sie damals sagte; ich erinnere mich aber daran, daß Salvador so überrascht war, daß er plötzlich weiß und dann ohnmächtig wurde und mein Vater zuerst glaubte, Salvador sei auch von einem Geist besessen.
Als Mutter aus ihrem Trance-Zustand erwachte, fragte Salvador sie auf englisch: „Na, Mutter, was gibt's zum Abendessen?"
Mutter schaute ihn verständnislos an und polterte dann auf spanisch los: „Warum sprichst du nicht so, daß ich dich verstehen kann?" Sie hatte keine Ahnung, daß sie gerade selber englisch gesprochen hatte.
Mutter war eine sehr liebevolle und gute Mutter, und sie muß Vater eine unvorstellbare Hilfe gewesen sein. Jeder, der die beiden sah, konnte erkennen, wie lieb sie sich hatten. Mutter war auch stets gelöst und fröhlich, wenn sie mit Vater zusammen war.
Ich habe schon erzählt, daß Mutter heute eine gläubige Christin ist. Vermutlich erwarten Sie von mir, daß ich nun auch sage, sie hätte früher in Angst und Verzweiflung gelebt, jetzt aber habe sie den beständigen Frieden und die Freude ohne Ende kennengelernt.
Das ist keineswegs so.
Angst hat Mutter erst kennengelernt, als sie Christin wurde.

Meine Eltern bemühten sich nach Kräften, ihre Kinder dazu zu erziehen, gut zu sein und Gutes zu tun. (Heute leben von uns Geschwistern nur noch vierzehn; vier Brüder sind in den letzten Jahren gestorben.) Und im großen ganzen haben meine Eltern das auch in erstaunlichem Maße erreicht. Meine Schwester Carmen und meine Brüder haben für ihre Ausbildung geschuftet und gute Ehepartner gefunden. Und sie erziehen ihre Kinder nach ihrem eigenen Vorbild zu kraftvollen, treuen und gewissenhaften Menschen. Sie haben ihre Kinder lieb und leben weitgehend so, wie meine Eltern es für sie erträumt haben. Zwei meiner Brüder sind Lehrer auf Puerto Rico; einer ist Pfarrer in New York.

Als sie das erste Mal, kurz nachdem ich nach New York gekommen war, die Nachricht bekamen, ich sei festgenommen worden, waren meine Eltern tief erschüttert. Vater reiste mehrmals nach New York, um mir ins Gewissen zu reden. Im Frühjahr 1958 besuchte Vater mich im Gefängnis. Er brachte mir eine Botschaft von Mutter.

„Nicky", sagte er, „Mutter hat mich gebeten, dir auszurichten, daß du uns das Herz brichst. Sie hat mir aufgetragen: ‚Sag ihm, daß er mich ins Grab bringt. Sag ihm auch: Bestimmt hat ein böser Geist Gewalt über dich gewonnen, Nicky. Mach dich davon frei, ehe es zu spät ist.' Vielleicht sehe ich dich heute zum letzten Mal, Nicky. Vielleicht wirst du Mutter nie mehr wiedersehen. Ändere deinen Weg, jetzt gleich, solange es noch möglich ist."

Ich konnte es natürlich nicht – nicht aus mir selbst heraus. Sogar der Psychiater, der vom Gericht beauftragt worden war, mir zu helfen, gab mich schließlich auf.

Aber gerade in diesem Jahr benutzte Gott David Wilkerson dazu, aus Nicky Cruz einen ganz neuen Menschen zu machen.

Ich schrieb meinen Eltern von diesem unglaublichen Ereignis, das mir widerfahren war.
Allmählich begann Vater, sich zu ändern. Er schränkte seinen „Umgang mit den Geistern" immer mehr ein – und noch ehe er starb, hatte er seine okkulte Tätigkeit völlig eingestellt.
Mutter durchlitt schwere Stunden. Sie hatte sich immer darum bemüht, ein ehrbares Leben zu führen, und es ergab in ihren Augen so gar keinen Sinn, daß ausgerechnet ich, das schwarze Schaf der Familie, die Farbe gewechselt hatte und die ganze Familie zu Gott führen wollte. Sie hatte sich oft gefragt, was sie an mir versäumt hätte; ich bin überzeugt, daß sie glaubte, sie sei irgendwie daran schuld. Ihr Herz war unruhig und bedrückt, als sie ihr Gewissen erforschte, und sie fand monatelang keinen Frieden.
Mutter hatte viele Fragen an Jesus. Für sie war er immer ein guter Geist gewesen, und es steht außer Zweifel, daß sie immer an Gott als das Licht ihres Lebens geglaubt hatte. Vater ging es ebenso. Dem Namen nach waren sie katholisch, aber sie gingen nur ein- oder zweimal jährlich zur Messe. (Sie nahmen uns Kinder mit, solange wir klein waren, aber schon als ganz kleiner Junge hielt ich die Messe für absoluten Unfug und ging nicht mehr mit.)
Natürlich lebten in Las Piedras auch Protestanten. Aber unsere Familie besuchte ihre Gottesdienste noch seltener als die katholischen. Vater pflegte die Pfingstler als Fanatiker und Spinner und die Evangelikalen als geistlich tot zu bezeichnen. Und grinsend meinte er einmal: „Ich habe mehr geistliche Macht als sie." So mußte Mutter sich allein mit den neuen Gedanken, die durch meine Briefe auf sie einstürmten, herumschlagen und abmühen. Dazu schrieb ihr auch mein Bruder Frank von der völligen Wende, die sich in meinem Leben vollzogen hatte.

Nachdem ich zwei Jahre Bibelschule in La Puente in Kalifornien hinter mir und nur noch das dritte Jahr vor mir hatte, flog ich nach Puerto Rico, um wieder einmal persönlich mit meinen Angehörigen und Freunden zu sprechen. Während dieses Besuchs nahmen eines Nachts meine Mutter und zwei meiner Brüder Jesus als ihren Herrn und Heiland an.
Das war der Beginn einer Kette wunderbarer Ereignisse. Schon bald besuchten drei meiner Brüder Bibelschulen. Mein Bruder Frank wurde Missions-Evangelist in Kolumbien, Guatemala und anderen Ländern Südamerikas; heute ist er Pfarrer im New Yorker Stadtteil Brooklyn.
Für Mutter war es der Anfang eines ganz neuen Lebens. Es hatte nun eine Bereicherung erfahren, die sie sich früher nicht hatte träumen lassen. Sie begann, täglich zwei Stunden zu beten, nicht, weil irgend jemand sie dazu aufgefordert hatte, sondern weil sie soviel wie möglich mit ihrem neugefundenen Hirten allein sein wollte und weil sie so viel mit ihm zu besprechen hatte.
Eines Nachts erleuchteten Flammen den Himmel über der Kuppe unseres Hügels in Las Piedras. Die Nachbarn, die vom Dorf her die Straße heraufeilten, um meiner Familie beim Löschen zu helfen, waren sprachlos vor Erstaunen, als sie Mutter mit verschränkten Armen in unserer Toreinfahrt stehen sahen, während die zwei Geister-Häuser prasselnd in den Flammen zusammenstürzten.
„Ich habe sie selbst angezündet“, erklärte sie den ungläubigen Betrachtern. „Es wird keine spiritistischen Sitzungen mehr in den Zauber-Häusern geben. Wir werden von jetzt an nur noch einem Geist dienen – dem Heiligen Geist.“

Aber Christ zu sein ist nicht einfach und geht für niemand ohne große Anstrengungen ab. Solch wahrhaftige Nachfolge

Christi bringt eine fortwährende innere Auseinandersetzung mit sich – und für Menschen, die früher in okkulte Praktiken verstrickt waren, ist dieser Kampf doppelt schwer.
Die Geister, von denen Mutter sich losgesagt hatte, gaben sie nicht auf. Sie bedrängten sie ständig.
Viele der früheren spiritistischen Freunde meiner Mutter waren natürlich heftige Gegner ihrer jetzigen christlichen Einstellung. Sie sahen sie als Angriff auf ihr Tun, und irgendwie hatten sie damit ja auch recht. So schlugen sie zurück – und meiner Mutter begegnete aus dieser Ecke viel Feindschaft.
In der Gemeinde von Las Piedras fand Mutter gute Gemeinschaft und starken Rückhalt. Aber auch dort gab es tiefe Trennungen und Bitterkeit. Einige sehr betrübliche Vorfälle in der Gemeinde führten zum Ausschluß von zwei Gemeindegliedern, die Mutter sehr nahestanden. Bestimmt war hier der Teufel sogar in der Kirche am Werk.
Er packt uns immer an unserer schwächsten Stelle. Solange sie meinen Vater an ihrer Seite hatte, brauchte sich Mutter nicht zu fürchten. Jetzt, alt und allein, ist sie beängstigenden Geschehnissen ausgeliefert.
Zwei Wochen vor meinem Besuch im Sommer 1972 kam einer meiner Brüder nachts um halb zwei Uhr zu Mutters Haus und klopfte sein Erkennungszeichen, damit sie wußte, wer kam. Sie öffnete ihm und ließ ihn – wie so manches andere Mal – bei sich übernachten.
Um halb fünf Uhr wurde Mutter von genau demselben Klopfen an der Tür geweckt. Sie ging wieder zur Tür, aber niemand war da.
Derartige Dinge sind meiner Mutter schon öfters passiert, seit sie zum Glauben gefunden hat. Sie ist dabei ängstlicher, als eine normale Frau es wäre, weil sie die bösen Mächte kennt, die sich hinter den fremdartigen Geräuschen und uner-

klärlichen Vorkommnissen verbergen, die sie erlebt. Aber sie kennt auch den Heiland, der sie mit seiner Allmacht beschützt.
„Früher lebte ich im Frieden", sagte Mutter neulich zu mir, „denn der Teufel wußte, daß er mich fest in der Hand hatte. Jetzt, wo ich aus der Dunkelheit ans Licht gekommen bin, ist er wie ein gereizter Löwe. Seine Dämonen umgeben mich ständig, aber Christi Engel auch, und Christus ist stärker als alle Dämonen."
Ja, meine Mutter hat schreckliche Dinge erlebt, seit sie Christus als ihrem Herrn begegnete. Aber mein Vater hat noch Furchtbareres durchgemacht.

4. Den Preis bekam der Teufel nicht

Solange sie der Magie verhaftet waren, ließen meine Eltern sich nicht träumen, daß sie von bösen Mächten benutzt wurden. Sie meinten einzig, daß sie anderen durch die Hilfe guter Geister helfen könnten.

Heute kennen sie die Wahrheit.

Vater stand so stark unter dem Einfluß der Geister, daß er nahezu achtzig Jahre ohne Christus lebte. Die Wahrheit überkam ihn in dem Augenblick, in dem er sich dem Heiland zuwandte, den ich 1958 in New York fand.

Auf seinem Sterbelager erzählte mir Vater von den Qualen, die begannen, als er zum ersten Mal beschloß, Mutters und meinen Weg zu beschreiten und Jesus Christus zum Retter und Herrn seines Lebens zu machen. „Es waren wirklich Folterqualen, Nicky", sagte er in seinem Krankenhausbett. „Die Geister drangen aus allen Himmelsrichtungen auf mich ein. Sie flüsterten mir zu, sie würden mir ihren Schutz entziehen und alle Macht von mir nehmen, die ich über sie gehabt hatte. Sie sagten auch, sie würden mich in dem Augenblick töten, in dem ich mich öffentlich zu Christus bekennen wür-

de. Und sie drohten mir, alle meine Angehörigen umzubringen.
Ich kenne ihre Macht, Nicky“, schluchzte mein Vater. „Ich habe mein Leben einer Sache gewidmet, die ich für gut hielt. Jetzt ist es mir klar, daß die Geister mich belogen und getäuscht haben.“
„Es gibt keine Macht, Vater, die der Gottes vergleichbar wäre“, entgegnete ich.
„Ich weiß es, Nicky. Du hast es in deinem Leben erfahren. Aber die okkulte Macht ist auch eine Realität. Ich möchte Christ werden, aber ich habe nicht den Mut dazu.“
Ich wäre damals gern in Las Piedras geblieben, um dem Teufel den größten Kampf meines Lebens zu bieten. Wie gerne hätte ich ihm eine Schlacht um die Seele meines Vaters geliefert! Aber Gott rief mich in eine andere Arbeit, und ich unterschätze die Macht und die Gerissenheit des ältesten Widersachers der Menschheit keineswegs. Ich hätte es nicht gewagt, meinem Vater ohne einen klaren Auftrag von oben die Hände aufzulegen. Ich kann mir nichts Gefährlicheres vorstellen als die Auseinandersetzung mit bösen Geistern. Es gibt Fälle, in denen die Dämonen nicht vom Menschen ablassen, wenn er nicht fastet und betet, wie Jesus uns gelehrt hat. Und damals hatte ich weder die Zeit noch den Auftrag, die Seele meines Vaters dem Feind abzutrotzen. Das taten andere.
Die letzten vier Jahre vor seinem Tod machte Vater eine Krankheit zu schaffen, die den Ärzten immer neue Rätsel aufgab. Als er in diesen Jahren wiederholt ins Krankenhaus eingeliefert werden mußte, war ihm Choco Davila ein treuer Helfer, dem er viel Trost und Stärkung verdankte.
Choco war ein durch und durch christlicher Geschäftsmann. Die Woche über schuftete er für seine Baustoff-Firma, sams-

tags und sonntags, abends und sooft es das Geschäft zuließ, arbeitete er für seinen Herrn.
Choco war leitendes Mitglied der Gemeinde. Stets bezeugte er dankbar, was Gott für ihn getan hatte. Wenn der Pfarrer ausfiel, stieg Choco oft für ihn auf die Kanzel. Und wie er predigte! Während mein Vater mit den meisten Predigten und Pfarrern wenig anfangen konnte, schätzte er Chocos Ansprachen sehr. So ging er oft zur Kirche, nur um Choco zu hören.
Choco Davila war keiner von jenen Höllen- und Verdammnis-Predigern, die zum Teil auf unseren puertoricanischen Kanzeln stehen. Vater schätzte ihn deshalb, weil das, was er sagte, durchdacht und klar war, und weil er nie verurteilte. Er verkündigte einfach das Evangelium. Aus Chocos Predigten ging klar hervor, daß der Umgang mit Geistern bestimmt kein Weg zur Seligkeit ist, aber Choco griff die Spiritisten nicht von der Kanzel aus an, er legte lediglich die Heilige Schrift aus – so klar und ansprechend, daß es niemandem schwerfiel, ihm zuzustimmen.
In Vaters letzten Lebensjahren besuchte Choco Davila meine Eltern öfters. Bei einem seiner ersten Besuche las er aus der Bibel und sprach darüber – und Vater kamen die Tränen. Da legte Choco Vater die Hände auf den Kopf und begann zu beten.
Vater saß in seinem Schaukelstuhl im Wohnzimmer, und unter dem Schaukelstuhl schlief sein Hund Diablo. Als Choco Vater die Hände auflegte, fuhr Diablo mit einem Knurren hoch, als ob ein Löwe brüllte, und gebärdete sich dermaßen wild, daß Choco fluchtartig unser Haus verließ. Er versprach wiederzukommen und tat das auch, aber Vater sagte: „Immer, wenn etwas Gutes in mein Leben tritt, geschieht irgend etwas Derartiges.“

In jenen letzten Jahren las auch Mutter Vater aus der Bibel vor. Einmal, als sie vorlas, sahen sie beide Flammen aus dem Buch aufsteigen. Vater hatte noch nie das zweite Kapitel der Apostelgeschichte gelesen, daß weiß ich sicher, noch jemals über Feuerzungen gesprochen. Aber als er sie erblickte, erkannte er sie als wunderbares Zeichen. Von diesem Moment an war ihm klar, was er zu tun hatte.
Während Vaters letztem Krankenhausaufenthalt kamen viele der alten Spiritisten-Bekannten, um nach ihm zu sehen, und auch viele andere Leute versuchten, zu ihm hineinzukommen, um wie früher seine Hilfe in Anspruch zu nehmen. (Mutter wies sie, so gut es ging, ab.) Es kamen aber auch viele Christen, um ihn zu besuchen. Dort im Krankenhaus hatte ich ein wunderbares Gespräch mit Vater. Er sagte mir: „Ich suche Christus, mein Sohn. Die Dämonen bedrängen mich zwar immer noch und drohen, mir und euch allen Böses zu tun, wenn ich Christus mein Leben öffne. Ich habe noch Angst vor ihnen, Nicky. Aber ich habe meine Wahl getroffen. Ich will mein Leben Christus geben. Und wenn ich dies tue, so will ich ihn auch bitten, mich zu sich zu nehmen."
Kurz darauf wurde Vater nach Hause entlassen, und ich mußte in die Vereinigten Staaten zurück. Er bat Mutter, Choco Davila einzuladen, und der erzählte ihm schlicht, aber eindringlich die uralte Geschichte von Jesus und der Liebe Gottes. Er las Vater aus dem dritten Kapitel des Johannesevangeliums die Geschichte von Jesus und Nikodemus und das achte Kapitel des Römerbriefes vor. Als er für Vater betete, ergriff Vater seine Hand und rief Mutter.
„Aleja", sagte er zu meiner Mutter, und ein Leuchten lag auf seinem Gesicht, „ich habe es geschafft! Ich habe zu Jesus gefunden! Ehre sei dem Herrn! Halleluja!"
Acht Stunden später war Vater tot. Jesus hatte ihn zu sich

genommen, wie er gebeten hatte, und der Teufel verlor noch auf der Schwelle des Todes ein Opfer. Zur Beerdigung meines Vaters in Las Piedras kamen mehr als siebentausend Menschen. Es war die größte Beerdigung, die das Dorf jemals erlebt hat. Meine Geschwister und ich weinten wie kleine Kinder, als der Sarg hinuntergelassen wurde, und wir waren nicht die einzigen.

Ich habe oft gedacht, was für ein strahlender Christ mein Vater gewesen wäre, wenn er früher zu Christus gefunden hätte. Er hatte so wunderbare Gaben und Einblicke. Er spürte einen Schwindel meilenweit, und er setzte sich nach bestem Wissen ein. Nun hat er die ganze Ewigkeit, um seinem Herrn und Erretter zu dienen. Möge sein Leben auch ein Zeugnis sein durch diese Erinnerung an einen Mann, der wirklich groß war.

5. Sohn des Teufels

Inzwischen werden Sie, liebe Leser, wahrscheinlich gemerkt haben, daß ich fest davon überzeugt bin, daß es böse Geister gibt, und daß diese Dämonen, unter ihrem Anführer, dem Teufel, Menschen entsetzlich peinigen können. Und ich bin deshalb so fest davon überzeugt, weil ich selbst Umgang mit der Welt der Dämonen gehabt habe.

Als meine Mutter mich 1948 in einer spiritistischen Trance „Sohn des Teufels" nannte, wie nahe war sie da der Wahrheit? Meine Eltern, meine Lehrer, überhaupt alle, die mit mir zu tun hatten, erlebten damals eine schwere Zeit mit mir. Bis zu meinem achtzehnten Lebensjahr schien es mir oft, als ob tief in meinem Inneren zwei Wesen miteinander kämpften. Einerseits liebte ich meinen strengen Vater, meine liebevolle Mutter, meine Schwester Carmen und meine sechzehn Brüder. Wie stolz war ich manchmal auf sie, wenn wir alle zusammen waren! Aber andererseits haßte ich sie auch so sehr, daß ich wirklich glücklich war über die Möglichkeit, nach New York zu gehen, weit, weit weg von ihnen allen.

Einerseits wollte ich tun, was richtig ist, andererseits haßte ich das Recht, die Ordnung und das Gute.
Man spricht von gestörten Kindern, aber ich war mehr gestört als irgend jemand sonst, den ich kenne. Meine Brüder gingen im großen und ganzen gern zur Schule, lernten eifrig, waren brav und höflich, ganz wie meine Eltern. Ich war das schwarze Schaf. Ich haßte die Schule und meine Lehrer, hatte nur Streiche im Kopf und war anderen gegenüber rauh wie Sandpapier.
Als ich noch ein kleiner Junge war, warf ich einmal einen Stein unseren Hügel hinunter. Er prallte unten an einem Mangobaum ab und traf Maria, ein kleines Mädchen, das mit seiner Schwester im Garten spielte. Ich machte mich aus dem Staub, und niemand bekam heraus, wer den Stein geworfen hatte. Maria blutete und war eine Weile bewußtlos. Mir machte es einen Heidenspaß, den Leuten zuzuhören, wenn sie von ihr sprachen. Der Gedanke, daß ich sie hätte töten können, ängstigte mich zwar, aber gleichzeitig berauschte er mich und schmeichelte mir.
Regelmäßig stahl ich Mutter Geld. Einmal erwischte Vater mich dabei, und von da an achtete ich immer darauf, daß niemand in der Nähe war, wenn ich aus Mutters Versteck Münzen und Scheine entwendete. Sie bewahrte sie in einem Korb auf, von dem sie meinte, niemand wisse, daß sie ihn als Versteck benutzte. Ich war vorsichtig und nahm nie so viel auf einmal heraus, daß sie es merken konnte. Sie zu betrügen und Vater zu überlisten, versetzte mich jedesmal in eine angenehm prickelnde Erregung. Als ich größer wurde, stahl ich mehr – manchmal ein paar Dollar pro Tag. Einmal kaufte ich von diesem leicht erworbenen Geld eine Uhr, ein andermal ein Luftgewehr. Mit ihm legte ich mich in sichere Verstecke und schoß auf die Beine ahnungsloser Spaziergän-

ger. Natürlich verbarg ich Dinge wie die Uhr und das Luftgewehr sorgfältig vor den Blicken der Eltern. Ich wußte genau, daß ich ihre Strafe so schnell nicht vergessen würde.

Hin und wieder stahl ich einen Groschen oder einen Vierteldollar und kaufte eine Kinokarte in Las Piedras. Ich sah so gerne Tarzan zu, wie er sich als Affenmensch an Lianen durch weit entfernte Dschungel schwang, die mich an unseren eigenen, nur wenige Kilometer entfernten Urwald erinnerten. Meine besondere Vorliebe aber galt den Cowboy-Helden – Roy Rogers, dem Einzelgänger, und El Lobo, dem südamerikanischen Räuber, der seinen Feinden mit seinem schnellen Pferd und seinem tollen Gewehr immer entwischen konnte. Außerdem kaufte ich mir von dem gestohlenen Geld ein Fahrrad. Das machte wirklich eine Persönlichkeit aus mir. Ich verbarg es außerhalb unseres Hauses, und als meine Eltern erfuhren, daß ich ein Fahrrad besaß, erzählte ich eine lange Geschichte von einem anderen Jungen, der es mir geliehen hätte, und am Ende glaubten sie mir.

Mit meinem Fahrrad konnte ich alles mögliche unternehmen. Eines Tages fuhr ich einen holperigen Weg zwischen Las Piedras und Melelitas entlang, als ich an einem kleinen Jungen vorbeikam, der zwei Flaschen Coca-Cola trug. Ich beugte mich herab und entriß ihm im Fahren eine Flasche. Als er sich umwandte, um zu sehen, wie das passiert war, stolperte er und zerschlug auch noch die andere Flasche. An einer Wegbiegung sah ich den Kleinen dastehen und heulen, und dieser Anblick gab mir ein schöneres Gefühl, als wenn ich eine Cola geschenkt bekommen hätte. Ich konnte mir lebhaft vorstellen, wie ihm zumute war und wie er zu Hause Ohrfeigen bekommen würde, wenn er ohne Geld und ohne Cola dort ankam. Heute schmerzt mich der Gedanke daran, aber damals lachte ich vergnügt darüber.

Als ich nach New York kam, stürzte ich mich kopfüber ins Bandenleben. Jedesmal, wenn meine Faust gegen einen Schädel prallte, vermittelte mir diese Berührung einen wollüstigen Schauer. Und wenn wir mit Messern kämpften, war es immer ein herrliches Gefühl, das Messer in fremdes Fleisch zu stoßen und das Knirschen zu hören, wenn die Klinge auf den Knochen stieß.

Ab und zu steigen einzelne Dinge jener Bandenzeit in meiner Erinnerung auf, und ich kann nicht verstehen, wie ich damals so sein konnte wie in der Nacht, in der ich mit Nighthawk und Mingo eine Probefahrt mit einem Wagen machte, den wir auf der Straße gestohlen hatten. Wir fuhren an einem Jungen vorbei, der Little George hieß und zu den Neunundvierzigern gehörte. Das war eine kleine Bande, die drei Tage zuvor zwei Mau-Maus geschnappt und ihre Gesichter mit Säure verbrannt hatte.

Nighthawk, der am Steuer saß, trat voll auf die Bremse; Mingo und ich sprangen heraus und stießen Little George in den Wagen, ehe er überhaupt begriffen hatte, was los war. Wir hielten ihn fest und quälten ihn eine Zeitlang mit unseren Messern und Zigaretten, daß er schrie und sich wand. Nighthawk fuhr derweil durch die verlassenen Straßen von Brooklyn und Harlem.

Am Ende beschlossen wir, ihn hinauszuwerfen. Nighthawk fuhr mit 100 Stundenkilometern über die Harlem-Brücke, als Mingo die Tür öffnete und wir Little George hinausstießen. Er stürzte genau gegen einen Stahl-Pfeiler.

Heute macht mich der Gedanke daran ganz krank. Aber damals war es für uns reine Sensation und sonst gar nichts. Ich fühlte mich neu belebt und berauscht wie von einem üppigen Festessen oder einem Erlebnis mit einem Mädchen, und wir sangen auf der ganzen Heimfahrt wilde Lieder.

Bevor ich Christ wurde, bemerkte ich sehr oft, daß mich eine fürchterliche Gewalt in ihrer Macht hatte. Irgendwie wußte ich, daß das, was ich tat, Teil eines Planes und eines Vorhabens war, die meine eigenen weit überstiegen – ein großes Netz, das dem Teufel und seinem Zerstörungswerk diente. In solchen Augenblicken überfiel mich eine schreckliche Angst.

So hätte ich fast einmal meinen Bruder Gene umgebracht. Gene ist ein prima Kerl. Er ist nur ein Jahr älter als ich, und als er mich einlud, ihn einmal für längere Zeit zu besuchen, verstanden wir uns sehr gut. Er war wirklich ein großer Bruder für mich. Er hatte eine gute Stellung; er hatte mir Geld gegeben und mich zum Einkaufen in zwei große Warenhäuser in Manhattan mitgenommen. Wir ließen uns viel Zeit, durchstreiften alle Abteilungen, beobachteten die Mädchen auf den Rolltreppen und kauften so viele Sachen ein, daß wir das meiste davon in Genes Wohnung bringen ließen. Ich erinnere mich, daß ich zwei Paar Schuhe und ein todschickes Jackett kaufte, und Gene erwarb eine Halskette für seine Freundin Lucia. Auf der Rückfahrt neckte ich Gene in der U-Bahn wegen der Halskette. „Du schenkst ihr zuviel", sagte ich. „Mädchen sind zum Vergnügen da. Was sollen all die vielen Geschenke? Liebe sie und schick sie wieder weg, das ist meine Philosophie."

Es war eigentlich mehr Ulk, aber doch zum größten Teil ernst. Um ehrlich zu sein, ich verabscheute das Leben, das Gene führte. Er war immer zuverlässig, höflich, ein glänzender Schüler, und er behandelte Mädchen, als ob sie zerbrechen würden, wenn man grob zu ihnen ist. Ich tat das nicht; mich ärgerte seine ganze Art. „Lucia wird ihre Freude daran haben", sagte Gene und klopfte auf die Tasche, in der er die Kette trug.

„Ich kann mir Mädchen vorstellen, die dir mehr geben würden als sie – für weniger Geld!“ entgegnete ich.
Gene wechselte das Thema, und es ergab sich kein Streitpunkt mehr, bis wir zum Broadway kamen, wo wir von der U-Bahn in die S-Bahn nach Brooklyn umsteigen mußten.
Wir standen ziemlich lange auf dem Bahnsteig und warteten auf die S-Bahn. Ich dachte an nichts Bestimmtes, als die Lichter des Zuges aus einer Tunnelbiegung heraus aufleuchteten.
Plötzlich überwältigte mich ein Verlangen, die Eingebung, Gene vor den Zug zu stoßen, der aus dem Tunnel zu uns herandonnerte. Es war ein Gefühl des Bösen, des Ärgers und des Hasses – klar und einfach. Mein Kopf war ganz von dem schrecklichen Gedanken erfüllt:
Die Bahn braucht ein Opfer. Dein Bruder ist das Opfer. Bringe das Opfer JETZT, ehe die Gelegenheit vorbei ist!
Ich konnte mir genau vorstellen, wie ich Gene vor den Zug stieß, die donnernden Wagen, die kreischenden Bremsen, den zerfetzten Körper, das Blut. Gene – mit seiner überlegenen Moral – aus meinem Leben verdrängt!
Er steht dort und wartet. JETZT!
Ich ging auf ihn zu. Er drehte mir nichtsahnend den Rücken zu. Ich spürte, das einzige, was ich zu tun hatte, war, ihn über den Rand des Bahnsteigs zu stoßen, zuzusehen, wie sein Körper zwischen die zermalmenden Räder stürzte, um ihn für immer los zu sein. Das Gefühl in mir wuchs zur blinden, treibenden Kraft. Meine Hände schossen wie Bolzen vor.
Aber in meinem Herzen war ein Funken Wärme, der noch nicht ganz erloschen war. Das war doch mein Bruder, der immer so gut und großzügig zu mir gewesen war!
„Gene!“ schrie ich.

Gene schnellte herum und sprang zur Seite, und ich bemühte mich, meinen Körper von der Ausführung des Befehls zurückzuhalten, den mein Kopf ihm gegeben hatte. Genes Gesicht war vom Schrecken gezeichnet, als er das meine erblickte. Meine Gedanken mußten von meinen Augen abzulesen sein, denn er wurde kalkweiß.

„Nicky", keuchte er, „was ist los? Was tust du da?"

Die S-Bahn-Türen öffneten sich, ließen Fahrgäste heraus und hinein, schlossen sich wieder, und die Bahn verschwand in der Dunkelheit. Wir standen immer noch da und schauten uns an.

„Ich weiß nicht", sagte ich, „es muß etwas über mich gekommen sein."

Genes Gesicht verzog sich, und als er begriff, was ich fast getan hätte, fing er an zu weinen. „O Nicky", schluchzte er, „was ist nur in dich gefahren?"

Ich wußte es nicht – außer, daß ich fast die Kontrolle über den Rest von Moral und Menschlichkeit, die noch in mir waren, verloren hatte.

Ein anderes Mal stand ich in der U-Bahn-Station beim Prospect-Park und wartete auf eine Bahn, die überhaupt nicht mehr zu kommen schien. Während ich so an die schmutzige Wand gelehnt dastand, überkam mich eine schreckliche Welle der Einsamkeit und Leere. Ich dachte an alle gemeinen und bösartigen Dinge, die ich auf dem Kerbholz hatte, an mein weit entferntes Elternhaus und an die Zukunft – was für eine Zukunft? Würde ich wie die beiden Mau-Maus enden, denen kürzlich das Gesicht mit Säure verbrannt worden war, würde ich in einem Bandenkampf getötet werden oder im Zuchthaus landen? Wohin trieb mein Leben? War ich dazu verdammt, für immer ein Sohn des Teufels zu bleiben? Meine Gedanken gingen vom Allgemeinen zum Konkreten über. Warum kam der blöde Zug so spät? Warum ging alles bei mir so schlecht aus? Plötzlich roch es nach Rauch. Ich spürte etwas Warmes, Heißes an meiner Hüfte. Ich schaute hinunter und sah Qualm aus meiner Hosentasche kommen. Ich schlug darauf, verbrannte mir die Finger und die Hüfte und brachte schließlich die Streichholzschachtel heraus, die in Flammen aufgegangen war.

Aber wie? Ich hatte nicht geraucht. Es gab keinen vernünftigen Grund für das Brennen der Zündhölzer – aber sie hatten Feuer gefangen. Meine Gedanken gingen zurück in meine Kindheit zu den befremdlichen Dingen, die meine Eltern in Puerto Rico getrieben hatten. *Kein Zusammenhang,* sagte ich mir, aber ich konnte nicht alles verleugnen, was ich als Kind gesehen und erlebt hatte. War dieses merkwürdige Feuer eine Erinnerung daran, daß ich ein Sohn des Teufels war? Ich konnte niemals klären, warum oder wie die Streichhölzer Feuer gefangen hatten. Ich kann es auch heute noch nicht.

Wenn ich in Brooklyn in meinem Zimmer war, war ich oft schlechter Laune, fühlte mich hoffnungslos einsam und sehr niedergeschlagen. Während mein eines Ich an meinem verbrecherischen, rebellischen Leben seine diebische Freude hatte, fühlte sich mein anderes Ich schuldig, traurig und hoffnungslos. Wieder und wieder hörte ich die Stimme meiner Mutter: *Sohn des Teufels, Sohn des Bösen! Das Zeichen der Bestie in seinem Herzen, die Hand Luzifers auf seinem Leben!*

In solchen Augenblicken fühlte ich mich dem Teufel restlos ausgeliefert. Ich war dem sehr nahe. Heute glaube ich, daß es im Leben eines jeden Menschen einen Punkt gibt, von dem ab es menschlich gesprochen keine Umkehr mehr gibt. Damals war ich sehr nahe an diesen Punkt herangekommen. Ich konnte praktisch eine dunkle Stimme sagen hören:

Gib auf! Überlaß es mir! Ich verspreche dir mehr Spaß am Leben, als du dir träumen läßt. Warum hörst du nicht auf, gegen mich anzukämpfen, und überläßt mir die Leitung deines Lebens?

Ich bin ein Dickkopf. Ich vermute, ich war dem Teufel schon zu neunundneunzig Prozent verfallen. Aber ein Fünkchen Anstand und Selbstachtung war noch in mir lebendig, und ich war einfach nicht bereit, mich irgend jemandem oder einer Macht völlig zu überantworten.

(Aus kleinen Andeutungen, die sie machten, konnte ich auch bei vielen anderen Mitgliedern der Mau-Mau-Bande spüren, daß sie dieselben inneren Auseinandersetzungen durchmachten. Unser Leben verlief damals so nahe am Abgrund der Hölle, daß es ein Wunder ist, wie überhaupt einige von uns dem totalen Verderben entgehen konnten. Aber so verkommen wir waren, lehnten doch einige von uns die vollständige Selbstübergabe an den Teufel konsequent ab.)

Wenn ich sehr deprimiert war, rauchte ich oft Marihuana-Zigaretten, bis ich die Wirklichkeit verdrängt hatte und in aufregende Träume absegelte. Manchmal vertrieb ich mein Bewußtsein auch mit Wein oder Rum. Und wenn alles nichts nützte, trommelte ich gelegentlich mit meinen Fäusten so lange an die Wand, bis meine Knöchel bluteten, oder ich rannte mit dem Kopf dagegen, bis ich bewußtlos wurde. Ich war wie ein gefangenes Tier, das verzweifelt zu entkommen versucht, aber nicht weiß, wie. Ich kam mir verworfen vor, fühlte mich schuldig und hilflos.

Trotzdem war ich stolz und dickköpfig. Ich war mir darüber klar, daß mein Weg mich direkt nach unten führte, aber ich war weder bereit noch fähig umzukehren.

Ich vermute, daß es unter anderem mein Eigensinn und Stolz waren, deretwegen ich David Wilkerson haßte, als ich ihn kennenlernte. Er war ein junger Mann, der *vollständig* von einem Geist erfüllt und geleitet schien, der zu nahezu allem, dem ich mich verschrieben hatte, in absolutem Gegensatz stand – und er wollte, daß ich von demselben Geist erfüllt würde! Ich wollte aber, daß Nicky Cruz sich selber beherrschte, jetzt und immer.

Als ich dem Heiligen Geist in mir Raum gab, brachen, wie Sie vielleicht wissen, in mir alle Dämme. Die Quellen der Liebe und des Gefühls, die fast versiegt waren, sprudelten in mein Leben wie eine frisch angebohrte Ölquelle. Die Auseinandersetzungen, die Einsamkeit und die Schuld wurden von dem unglaublichsten Erlebnis des Friedens, der Vergebung und der durch nichts zu unterdrückenden Freude abgelöst. Nicky Cruz war von Grund auf als vollkommen neues Geschöpf wiedergeboren! Aber der Teufel hat mehr Tricks gegenüber seinen Sklaven, als irgend jemand es für möglich halten würde.

6. *Wer ist stärker?*

Während der Vorarbeiten zu diesem Buch erzählte mir ein Freund von dem Gespräch, das Pfarrer W. Elwyn Davies, Missions-Direktor in Toronto, mit einer College-Studentin geführt hatte. Dr. Davies hielt in einem christlichen Heim einen Vortrag, und nach Schluß der Veranstaltung kam dieses Mädchen zu ihm und fragte ihn:
„Wer ist stärker, Christus oder der Teufel?"
„Was meinen Sie damit?" gab Dr. Davies die Frage zurück. „Jesus Christus hat alle Macht, im Himmel und auf Erden. Glauben Sie das nicht?"
„Doch", entgegnete das Mädchen, „ich glaube das. Aber Sie verstehen mich nicht. Ich meine – *welcher von beiden ist tatsächlich der Stärkere, Christus oder Satan?"*
Dann erklärte das Mädchen, warum es diese merkwürdig klingende Frage gestellt hatte. Es erzählte, daß es als junges Mädchen mit einigen Kindern aus der Nachbarschaft ein Ouija-Spiel aufgestöbert habe, mit dem sie dann gespielt hätten. Es habe als reines Kinderspiel begonnen, aber schon bald sei es ihnen so vorgekommen, als wären sie mit einer

ihnen fremdartigen Wirklichkeit in Berührung geraten. Diese habe sie mit ihren Fragen und Antworten ganz in ihren Bann geschlagen und sie tiefer und tiefer in eine sonderbare Welt hineingeführt. Der Höhepunkt war dann, daß die jungen Leute einen Pakt mit dem Teufel abschlossen.

Durch eine Evangelisations-Gesellschaft war das Mädchen auf dem College zu Christus geführt worden. Aber der Teufel ließ es nicht los. Er verfolgte es mit so vielen befremdlichen Vorfällen und Verlockungen, daß es schließlich Angst bekam, er werde es wieder in seine Macht bekommen. Und so fragte es ganz ernsthaft: „Wer ist stärker?"

Dr. Davies führte mit dem Mädchen ein langes Gespräch. Schließlich beteten sie, ehe sie sich voneinander verabschiedeten. Als er aufstehen wollte, um sich auf den Weg zu machen, merkte er, daß ihm die Knie zitterten und daß er zu schwach dazu war. Er mußte erst eine ganze Flasche Cola trinken, um wieder etwas in Schwung zu kommen.

Dr. Davies sah diese Studentin nicht mehr wieder, aber bei einer Veranstaltung in einer anderen Stadt wurde er von einer Dame angesprochen. Sie fragte ihn: „Kennen Sie–?", und sie nannte den Namen jenes Mädchens, mit dem Dr. Davies über Christus und den Teufel gesprochen hatte. Als er die Frage bejahte, fuhr sie fort: „Sie bat mich, Ihnen etwas auszurichten, von dem ich hoffe, daß Sie es besser verstehen als ich. Sie sagte nur: ‚Wenn Sie Pfarrer Davies sehen, sagen Sie ihm bitte, ich wüßte jetzt, daß Christus stärker ist.'"

Jeder, der mit dem Teufel schon in nähere Berührung kam, weiß, wie stark und unbarmherzig beharrlich er sein kann. Ich wäre froh, wenn ich sagen könnte, in meinem Leben sei, seit ich Christus angenommen habe, alles eitel Freude und Sonnenschein gewesen.

Leider ist das absolut nicht so.

Seit ich Gott gefunden habe, habe ich wunderbare Zeiten mit ihm erlebt. Aber in Zeiten, in denen mir der Teufel sehr nah auf den Leib rückte, mußte ich Erfahrungen machen, die mich schaudern lassen, wenn ich daran zurückdenke.
Als ich einmal eine Jugendevangelisation in einer Stadt in den Südstaaten leitete, wohnte ich mit meiner Frau in einem Apartment, das einem Pfarrer Smith gehörte. Er war Pfarrer einer großen Gemeinde und besonders für seine intensive Kinder- und Jugendarbeit bekannt. Ständig organisierte er Zusammenkünfte, Jugendlager und Freizeiten für die jungen Leute und schien ein sehr umgänglicher Mann zu sein; bestimmt war er ein hart arbeitender, sehr erfolgreicher Pfarrer. Aber irgend etwas an diesem Mann stieß mich ab, und auch etwas an diesem Haus, in dem wir wohnten. Ich konnte damals nicht sagen, woran es lag, aber ich spürte, daß da etwas nicht in Ordnung war.
Meine Evangelisationsveranstaltungen verliefen gut, und wir gewannen einige junge Leute für Christus. Es war eine beglückende Arbeit. Sie zwang mich auf die Knie, zur Bibellese und zum Gebet und zum Fasten, als die Kraft Gottes durch mich zu wirken begann.
Dann kam ein Erlebnis, das ich noch heute nicht ganz begreife. Mit Ausnahme von ein paar Freunden, denen ich es aus verständlichen Gründen erzählte, habe ich noch mit niemandem darüber gesprochen. Eines Abends ging ich mit Gloria zu einer Veranstaltung, die ich zusammen mit einigen Helfern und Pfarrern hielt, die bei der Evangelisation mitarbeiteten. Die Versammlung fand in den Räumen der Stadtmission statt. Wir sangen, beteten und legten Zeugnis für Christus ab – ich bin zwar nicht musikalisch, aber zu bekennen, was Gott für mich getan hat, habe ich mich nie gescheut –, und dann folgten ein halbes Dutzend Männer und eine angetrun-

kene Frau unserem Ruf, nach vorne zu kommen und selber Zeugnis abzulegen. Es war ein aufregender Augenblick.
In dieser Nacht schlief Gloria bereits, als ich mich noch unruhig in meinem Bett hin- und herwarf. Ich hatte den Eindruck, der Teufel gehe in diesem Haus umher. Sie können sich vielleicht nicht vorstellen, daß der Teufel in bestimmte Räumlichkeiten oder gar Menschen eindringen kann, aber ich habe es selbst zu oft erlebt. Ich spüre deutlich, wenn eine Frau oder ein Mann vom Heiligen Geist erfüllt sind, aber ich spüre auch, ob es bloß vorgetäuscht ist. Ich habe viele Drogensüchtige gesehen, von denen ich weiß, daß sie vom Teufel besessen sind. Ich weiß es genau und spüre es deutlich, wenn der Teufel in einen Raum kommt. In dieser Nacht kam er in unser Zimmer.
Gloria drehte sich im Schlaf um, und das Licht der Straßenlaterne fiel durchs Fenster auf ihren zierlichen Hals.
Da überkam mich eine völlig abwegige Anwandlung.
Erwürge sie, schoß es mir durch den Sinn.
Allein schon dieser Gedanke widersprach meinem Denken und Fühlen so sehr, daß ich entsetzt hochfuhr. Ich sprang aus dem Bett und kniete nieder. „Herr“, rief ich, „hilf mir! Du weißt, wie ich Gloria liebe; hilf mir, diesen schrecklichen Gedanken loszuwerden. Hilf mir!“
Wieder sagte eine schleimige, widerliche Stimme in mir: *Erwürge sie!*
Ich warf mich auf die andere Seite des Bettes zu Gloria hinüber. „Wach auf, Gloria!“ schrie ich und griff nach ihrer Hand. „Wach auf, ich brauche dich!“
„Ich bin zu müde, Nicky“, sagte sie und wollte sich umdrehen. „Nein, Gloria! Es ist etwas anderes, als du denkst. Wach auf!“ Ich schüttelte sie. „Gloria, du mußt mir helfen. Der Teufel ist hier. Steh auf, bitte, und hilf mir beten.“

Wieder betete ich. Ich erinnerte Gott an seine Zusagen, uns vor dem Bösen zu bewahren. Ich sagte ihm, daß ich einzig ihn lieben und ihm dienen wolle, aber ich hätte seine Hilfe gerade gegen die Macht des Bösen nötig. Ich rang mit ihm darum, mir zu helfen, die Macht des Teufels zu überwinden. Dann betete Gloria. Sie sagte weniger als ich, aber als sie zu Jesus sprach, spürte ich seine Kraft wie einen Schutzschild über mich kommen.
„Gloria", sagte ich, „ich hatte eben eine schreckliche Versuchung. Sie ist zu abscheulich, als daß ich sie dir jetzt schildern könnte. Lege mir deine Hände auf, Gloria, und beschwöre Jesu Rettungstat gegen den Satan."
Gloria legte ihre kühlen, festen Hände auf meinen Kopf und sprach ein wunderbares Gebet. Ich spürte, wie der Heilige Geist über mich kam, und als sie geendet hatte, wußte ich, daß der Versucher von mir abgelassen hatte.
Als wir wieder im Bett lagen, drückte Gloria meine Hand. „Was war denn, Nicky?" fragte sie.
Ich erzählte es ihr. Ich erzählte ihr die ganze, unglaubliche Geschichte, so wahrheitsgemäß und vollständig, wie ich konnte. Wenn ich Ihnen sage, daß dieses Ereignis unser Verhältnis zueinander niemals auch nur im geringsten beeinträchtigt hat, so kann Ihnen das eine Vorstellung davon vermitteln, was für eine Christin und große Persönlichkeit Gloria ist.
Kurz darauf befragten einige Eltern Pfarrer Smith über sein Verhältnis zu jungen Leuten. Es kam zu einer gerichtlichen Untersuchung, und als Ergebnis der Ermittlungen mußte er sein Pfarramt wegen homosexueller Verfehlungen aufgeben.

Ein anderes Mal kam mir der Teufel sehr nahe, als ich in New York bei Teen Challenge mitarbeitete. Im ersten Hochgefühl der Begeisterung, ein Mitarbeiter David Wilkersons zu sein, schuftete ich Tag und Nacht. Ich führte Gruppen in die schlimmsten Viertel von New York. Ich ging ins spanische Harlem, ins schwarze Harlem und in die Bronx. Dazu betete ich jeden Tag drei Stunden, fastete zwei Tage in der Woche und wurde dürr wie eine Hopfenstange.

Da ereigneten sich wundersame Dinge. Eines Tages brachten wir zehn Heroinsüchtige mit. Viele von ihnen wurden auf wunderbare Weise von ihrer Sucht befreit und zu neuen Menschen.

In dieser Zeit hielt ein Taxi gegenüber unserem weißen Gebäude in der Clinton Avenue 416, und es krabbelte eine der mitleiderregendsten Gestalten heraus, die ich je gesehen habe. Zitternd wie Espenlaub reichte der bleiche junge Mann dem Taxifahrer seinen wahrscheinlich letzten Dollar und wankte ins Haus.

„Ich habe gehört, Ihr helft Süchtigen", sagte er zu dem Mädchen am Empfangsschalter. „Glaubst du, daß du auch für mich irgend etwas tun kannst?"

„Ich kann es nicht", entgegnete das Mädchen, „aber Gott kann es. Wie heißt du?"

„Luis Rosario."

Luis hatte acht Jahre lang Drogen genommen. Ich habe noch keinen unruhigeren und rastloseren Menschen gesehen als ihn. Wir unterzogen ihn der üblichen Behandlung. Gebet, Gebet und nochmals Gebet. Luis nahm es so begierig auf wie ein Hund einen Teller mit rohem Fleisch. Er ließ sich ganz vom Heiligen Geist durchdringen.

Luis besuchte dann die Bibelschule in La Puente und arbeitete eine Zeitlang in den Teen Challenge-Häusern auf Puerto Rico. Heute leitet er mit seiner tüchtigen Frau das Alcance-Jugendhaus, unsere Einrichtung für junge Erwachsene unmit-

telbar bei San Juan. Ich kann mir niemanden vorstellen, den ich lieber in dieser wichtigen Arbeit wüßte.
Luis ist ein starker, zuverlässiger, strahlender Christ, fest wie ein Felsen – ein Mann, dem man sich mit allem und in allem anvertrauen kann. Er und seine Frau leisten einen ungeheuer wichtigen Dienst. Diese Art von Wandlung ereignete sich in jenen Tagen im Teen Challenge-Haus in Brooklyn immer wieder, als Gloria und ich dort arbeiteten – und das macht es so schwer verständlich, was sich mitten in dieser machtvollen Darstellung von Gottes Wirken ereignete.
Es kam ein böser Geist in unser Haus.
Viele von uns spürten es. Wenn wir im Andachtsraum zusammen waren, hatten unsere Bitten keinen Nachdruck. Unsere Gebete waren kraftlos. „Erlöse uns vom Bösen", wurde unsere ständige Bitte.
Eines Abends ging ich in unser Zimmer, wo Gloria bereits schlief. Ich war noch keine zwei Schritte im Raum, da spürte ich schon, daß etwas nicht stimmte. Ich taumelte ins Nebenzimmer und setzte mich auf ein leeres Bett. Angst krampfte mir den Magen zusammen. Ich fühlte mich schwach wie ein kleines Kind.
Ein schreckliches Zwangsgefühl überflutete mich.
Bring Gloria um!
„Nein!" schrie ich entsetzt. „Jesus – wo bist du?"
Ich fragte mich, ob ich im Begriff sei, wahnsinnig zu werden. Ich fühlte mich so elend, daß ich mich an der Matratze festklammerte. Der Raum drehte sich vor mir. Was war nur los?
Ein Geist der Mordlust hing wie eine schwere Nebeldecke im Zimmer. Erst später erfuhr ich, daß Larry White, einer meiner Mitarbeiter, in diesem Augenblick im Bett dieselbe Anwandlung drohender Zerstörungswut verspürte, einen

mörderischen, teuflischen Anfall. Er stand auf und betete. Ich ging in unser Zimmer zurück, um Gloria zu warnen. Sie blinzelte mich an, als ich meine Hand auf ihre Schulter legte. „Wach auf, Gloria", sagte ich. „Es stimmt was nicht. Ich werde verrückt. Bete für mich."

Gloria fuhr hoch und griff nach ihrer Bibel. „Ich lese dir jetzt einen Psalm", meinte sie.

In diesem Augenblick wollte ich nichts aus der Bibel hören. „Dazu ist jetzt keine Zeit, Gloria. Ich habe nur die einzige Bitte: Bete! Irgend jemand will uns töten. Bete, bete für uns!"

Gloria und ich beteten eine Dreiviertelstunde. Dann hatte ich mich etwas gefangen. Ich bat Gloria, wieder ins Bett zu gehen, während ich in den Andachtsraum hinunterging, um weiterzubeten.

Dort fand ich bereits fünf andere Teen Challence-Mitarbeiter vor. Auch sie hatten die Gegenwart des Bösen gespürt und suchten die einzige Abwehr, die es dagegen gibt.

„Jesus", flehte ich, „wirf den Satan aus unserem Haus!"

Wir formulierten es jeder anders, aber es war dasselbe, worum wir alle beteten. Und Gott antwortete. Der Druck und die Niedergeschlagenheit wichen, und am nächsten Tag kämpften wir wieder um die vom Teufel gebundenen Seelen.

Ich habe über diese beiden Vorfälle viel nachgedacht. Ein Psychiater hätte mich zweifellos als Geistesgestörten mit Mordtrieben bezeichnet. Ich bin kein Psychiater, aber ich verstehe von diesen Dingen doch genug, um klar zu sehen, daß ich zweimal in einer sehr gefährlichen Verfassung war. War ich übergeschnappt, meiner Sinne nicht mächtig? Hatte der Teufel mich in der Hand? Wie hatte ich solche Mordgedanken nur in mir aufkommen lassen können?

Und warum ausgerechnet Gloria? Gott weiß, was sie mir

bedeutet. Er hat sie unter allen Mädchen der Welt für mich ausgesucht, und ungezählte Male haben sie und ihr Einfluß mich vor Üblem und falschen Entscheidungen bewahrt. Wenn ich sagen sollte, was Gloria mir bedeutet, müßte ich die folgenden Worte aus den Sprüchen zitieren:

„Wem eine tüchtige Frau beschert ist, die ist viel edler als die köstlichsten Perlen. Ihres Mannes Herz darf sich auf sie verlassen, und Nahrung wird ihm nicht mangeln. Sie tut ihm Liebes und kein Leid ihr Leben lang. Sie geht mit Wolle und Flachs um und arbeitet gerne mit ihren Händen. Sie ist wie ein Kaufmannsschiff; ihren Unterhalt bringt sie von ferne. Sie steht vor Tage auf und gibt Speise ihrem Hause, und dem Gesinde, was ihm zukommt.
Kraft und Würde sind ihr Gewand, und sie lacht des kommenden Tages. Sie tut ihren Mund auf mit Weisheit, und auf ihrer Zunge ist gütige Weisung. Sie schaut, wie es in ihrem Hause zugeht, und ißt ihr Brot nicht mit Faulheit. Ihre Söhne stehen auf und preisen sie, ihr Mann lobt sie: ‚Es sind wohl viele tüchtige Frauen, du aber übertriffst sie alle.' Lieblich und schön sein ist nichts; ein Weib, das den Herrn fürchtet, soll man loben. Gebt ihr von den Früchten ihrer Hände, und ihre Werke sollen sie loben in den Toren!"
Sprüche 31,10-15 und 25-31.

Jeder braucht jemanden, zu dem er mit solchen Fragen kommen kann, wie sie mich nach diesen Erlebnissen mit dem Teufel beide Male bewegten und quälten. Es war ein Segen für mich, in der Bibelschule in La Puente einen Mann zu finden, dem man solche Fragen stellen und bei dem man eine ehrliche, verständnisvolle Antwort finden konnte. Nachdem Gott meine Arbeit im Teen Challenge-Haus beendet und mich in die neue Arbeit mit jungen Erwachsenen nach Kalifornien geschickt hatte, ergriff ich die erste Gelegenheit zu einem langen, offenen Gespräch mit meinem alten Lehrer, Pfarrer Esteban Camarillo. Ich erzählte ihm beide Vorfälle, in denen mich der Teufel so fest umschlungen zu haben schien. Ich ließ dabei nichts aus, weil ich wußte, daß hier ein Mann war, der diese erschütternden Erlebnisse verstehen und mir darum helfen konnte, sie ebenfalls zu begreifen.

Als ich meinen Bericht beendet hatte, fragte ich: „Was meinen Sie, Herr Pfarrer, gibt es für mich noch Hoffnung?"

„Nicky", sagte dieser Gottesmann lächelnd, „glaubst du, daß du der einzige bist, hinter dem der Teufel her ist?"

„Nein, das nicht, aber diese schrecklichen Gedanken habe doch gerade ich gehabt! Was bin ich denn für ein Mensch?"

„Nicky, du bist genauso ein Mensch wie jeder andere, den der Teufel verloren hat und doch noch zurückzugewinnen hofft. Denk zuerst einmal daran, wo ihr, du und Gloria, zu der Zeit wart. Ihr seid dem Teufel haargenau und bewußt in die Quere gekommen. Ihr habt ihn in seinem eigenen Job ausgestochen, wie ihr jungen Leute das nennen würdet, indem ihr Menschen seinem Zugriff entwunden habt. Und das kann er nicht ausstehen! So ist er wie ein brüllender Löwe hinter euch her.

Mit den Gedanken, pflegte Luther zu sagen, ist es wie mit den Vögeln. Wir können sie nicht daran hindern, über unsere Köpfe hinwegzufliegen. Aber wir können dafür sorgen, daß sie keine Nester darauf bauen.

Der Teufel ist geschickt und raffiniert, Nicky. Ich wünschte, ich könnte sagen, daß *ich* niemals teuflische Gedanken hätte. Aber ich kann es nicht. Eines ist jedenfalls sicher. Wenn du Gott um Hilfe gebeten hast, hast du genau das Richtige getan. Widerstehe dem Teufel, und er wird fliehen. Wider-

stehe ihm mit Gottes Hilfe, dann kannst du ihm nicht unterliegen!
Erinnerst du dich, wie Jesus versucht wurde, Nicky? Sieh dir das vierte Kapitel des Lukas-Evangeliums an. Manche sagen nun, der Teufel sei ihm als Mensch erschienen; andere meinen, es sei eine verstandesmäßige oder geistliche Versuchung gewesen. Was immer es auch war, er wurde vom Teufel versucht. Überrascht es dich da, daß es dir auch passiert ist?“
Seit diesem Gespräch mit Pfarrer Camarillo habe ich keine derartig bedrückenden Erlebnisse mehr gehabt. Und ich konnte mir auch einiges andere über den Teufel klarmachen. Jesus nennt ihn einen Lügner und Mörder (Joh 8,44). Gloria ist der Mensch, den ich auf der ganzen Erde am meisten liebe, und sie ist mir in jeder Weise eine unschätzbare Hilfe. Wie gerne würde der Teufel sie umbringen – und damit gleichzeitig auch mich!
Und noch ein anderes: Beide Male, als ich vom Teufel bedrängt wurde, hatte ich sehr viel gefastet. Ich war Haut und Knochen. Heute ist mir klar, daß ich das Fasten übertrieben habe. Ich faste immer noch zu bestimmten Anlässen, aber ich habe ein wichtiges Geheimnis des christlichen Lebens begriffen. Gott will, daß wir stark sind, geistig, geistlich und körperlich. Wenn wir in irgendeinem Punkt schwach werden, versucht der Teufel, uns hier zu übertölpeln. So bedeutend und wichtig das Fasten sein kann, so sehr kann der Teufel es auch benutzen, um uns besser in den Griff zu bekommen. Aber ich habe einen guten Schutz dagegen gefunden. Als ich mich verzweifelt gegen das, was mir widerfuhr, wehrte und als es mir schien, als ob mich der Teufel schon fast wieder in seinen Klauen hätte, gab mir Jesus eine wunderbare Zusage:

Nicky, der Teufel kann dich auf keine Art in seine Gewalt bringen. Er wird zwar nie aufhören, es zu versuchen. Aber solange du auf mich vertraust, wird er dich nicht um einen Zentimeter aus meiner Hand reißen können.
Wenn ich in der Bibel Stellen wie Joh 10,27.2 lese, wird mir immer wieder deutlich, daß diese Zusage jedem gilt. Und heute bin ich froh, daß ich diese bösen Erlebnisse gehabt habe, so schrecklich es war, sie durchstehen zu müssen. Sie haben mich gelehrt, wie sehr und wie absolut man sich immer auf Christus verlassen muß:

Denn du weißt nie, was der Teufel als nächstes versuchen wird!

7. Der Teufel ist hinter uns her

Kürzlich bekam ich einen handgeschriebenen Brief von einem jungen Mädchen. Es schrieb:

> Lieber Nicky,
> war es Dir auch immer so schrecklich zumute, wenn du teuflische Anwandlungen hattest? Ich habe das Gefühl, langsam wahnsinnig zu werden.
> Ich hasse mein jetziges Leben. Mir kommt es vor, als ob mein Herz hundert Tonnen wiege. Und in unserer ganzen Umgebung weiß ich keinen Jugendkreis. Ich bin von einem Dämon befreit worden. Und immer wieder seit jener Zeit habe ich das Gefühl, er sei zurückgekommen. Warum hat Gott uns nur dahin gebracht, wo wir jetzt sind!
> Ich komme mir vor, als ginge ich irgendwohin, um mit dem Teufel allein zu sein und mich bei ihm auszuweinen. Ich hasse ihn. Anscheinend kann ich Gottes Gegenwart nicht einmal dann spüren, wenn ich weiß, daß er da ist. Ich begreife nicht, was da geschehen ist. Oh, ich wünsche

so, daß Gott mir in menschlicher Gestalt begegnen würde.
Ich will von dieser Sache freikommen.
Nicky, gibt es irgendeinen Weg da heraus? Ich brauche ganz, ganz dringend Hilfe.

Becky

Ich kann Becky nachfühlen, was in ihr vorgeht. Aus ihrem etwas wirren Brief kann ich mir die Erlebnisse zusammenreimen, die sie in letzter Zeit hat durchmachen müssen. Offensichtlich hat Gott sie von der Besessenheit eines Dämons befreit, aber ohne die Kraft und Hilfe einer christlichen Gemeinschaft hatte Becky das Gefühl, daß der Teufel wie ein brüllender Löwe zurückkam, um sich doch noch die Beute zu holen, die er bereits verloren hatte – und so schickte sie mir ihren verzweifelten Hilferuf.

Als ich für Becky betete, bekannte ich, daß auch mir schrecklich zumute war, wenn der Teufel mich bedrängte. Und seit ich geführt wurde, dieses Buch zu schreiben, bin ich seinem Sperrfeuer ständig ausgesetzt. Meine Reise nach Puerto Rico, die dringend erforderlich war, um Material für mein Manuskript zu sammeln, war ein typisches Beispiel dafür.

Als das Flugzeug, das mich zu meiner Mutter bringen sollte, vom Boden abhob, war das einzig Mißliche – daß ich nicht an Bord war!

Drei Wochen vorher hatte ich diesen Flug gebucht, und für den Start um 13.30 Uhr schien alles geregelt. Ich wartete auf dem Kennedy-Flugplatz und wollte gerade ins Flugzeug steigen, als es durch den Lautsprecher tönte: „Mr. Cruz, bitte Apparat vierzehn anrufen!"

Da es sich um etwas Wichtiges handeln mußte, lief ich zum nächsten Telefon und war gleich darauf mit dem Leiter eines meiner Auffang-Heime für Jugendliche verbunden. Ein

christlicher Geschäftsmann hatte uns versprochen, einen Wechsel einzulösen, und das Geld war jetzt zehn Tage überfällig. Ob ich mit ihm noch Verbindung aufnehmen könne, ehe die Bank dem Heim Schwierigkeiten mache?
Drei Anrufe waren nötig, um den Geschäftsmann zu erreichen. Er entschuldigte sich mit dem schleppenden Zahlungseingang in seiner Firma und versprach, bei seiner Bank die benötigte Summe umgehend anzuweisen. Erleichtert, weil diese Sache geklärt war, sauste ich zu dem Ausgang, der zu meiner Maschine führte – und fand ihn verschlossen. Durch die großen Fensterscheiben des Warteraumes konnte ich sehen, wie die Boeing gerade zum Startplatz rollte.
Die nächste Maschine, die ich erreichte, brachte mich am späten Abend nach San Juan. Alles, was ich für den Nachmittag in Puerto Rico geplant hatte, mußte verschoben werden. Na gut, es gibt noch mancherlei, was ich erledigen könnte, dachte ich. Bei einer Autovermietung hatte ich einen Wagen für mich bereitstellen lassen, mit dem ich von San Juan nach Las Piedras zu meiner Mutter fahren konnte. „Wir haben dort noch einen hübschen 1972er Mercury frei", hatte mir das Fräulein am Schalter auf dem New Yorker Flughafen gesagt. Und ich hatte geantwortet: „Den nehme ich." Aber in San Juan wurde ich verblüfft angeschaut, als ich mein Gepäck abstellte und nach meinem Mercury fragte. „Das verstehen wir nicht, Mr. Cruz. Da muß ein schrecklicher Irrtum passiert sein. Der Wagen, der für Sie reserviert war, ist an jemand anderen vermietet worden."
„Was für Wagen haben Sie denn noch da?" fragte ich, erstaunt darüber, wie so etwas passieren konnte.
„Es tut mir schrecklich leid", meinte das Fräulein. „Diese Woche haben wir eine so große Nachfrage, daß leider kein einziges Auto mehr frei ist."

„Aber ich habe doch eines bestellt", rief ich ärgerlich aus. Das Mädchen entschuldigte sich noch einmal, und am Ende mußte ich mit dem Taxi in mein Hotel fahren. Dort war die Reihe an mir, mich zu entschuldigen. Zwei Verleger, die nach Puerto Rico gekommen waren, um mit mir über mein Buch zu sprechen, hatten den ganzen Nachmittag auf mich gewartet. Sie nahmen meine Entschuldigung sehr freundlich an, aber ich stellte für mich fest, daß kostbare Zeit zur Vorbesprechung dieses Buches ein für allemal verloren war.

In dieser Nacht konnte ich so wenig schlafen wie in der Nacht zuvor und in den beiden folgenden Nächten. Wenn ich einnickte, wachte ich gleich wieder auf, von dem Gedanken verfolgt:

Nichts klappt, es wird alles schiefgehen – du wirst es sehen.

„Nein", sagte ich laut – um gleich von einer anderen Stimme verfolgt zu werden:

Dein Vater verstand es besser, mit uns fertig zu werden. Warum wählst du nicht seinen Weg?

Ich erkannte, daß diese Vorstellung mehr Lüge als Wahrheit war, aber trotzdem verfehlte sie ihre Wirkung nicht. Dann tauchte aus der Dunkelheit ein anderer Gedanke auf, und mir war, als ob der Geist der Hölle sagte: *Was glaubst du eigentlich, was du erreichen kannst? Jeden Tag gehen mehr junge Leute verloren, als du in Jahren retten kannst. Wir behalten die Oberhand, und du weißt es. Warum gibst du deinen Kampf nicht auf, solange du es noch kannst?* Ich drückte mein Kissen gegen die Ohren in der Hoffnung, diese teuflische Stimme ebenso einfach abschalten zu können wie das Radio.

Dann hatte ich eine entsetzliche Vision. Ich entsinne mich noch genau daran, wie David Wilkerson in einer Rundfunkansprache voraussagte, daß demnächst eine große Erweckung

unter den jungen Leuten durchbrechen werde. Er sah sie damals kommen, und jetzt erlebten wir sie gerade. Aber als ich mich in dieser Stunde auf meinem Hotelbett herumwarf, sah ich in einer anderen Vision Tausende junger Menschen hinter dem Banner des Okkultismus einherziehen: *Astrologie – Buddhismus – Spiritismus – Wahrsagerei – Satansmessen – Reinkarnationslehre – Hinduismus – Yoga – fernöstliche Weisheit – Magie – Zauberei!* So wie David Wilkerson die ersten Zeichen der Jesus-Bewegung gesehen hatte, so sah ich die Zeichen einiger der größten satanischen Verblendungen heraufziehen.
„Herr", betete ich, „hilf mir, immer hinter deinem Banner zu stehen. Wenn du mich gebrauchen kannst – ich bin bereit."

Am nächsten Morgen griff ich zum Telefon und legte den Hörer nicht eher auf, bis die Autovermietung zugesagt hatte, mir einen Wagen ins Hotel zu schicken. Es war ein ziemlich klappriges Vehikel, aber ganz entschieden besser als gar keins.
Die beiden Verleger, die meinetwegen nach Puerto Rico gekommen waren, hatten ihre Frauen mitgebracht. Ich lud alle vier ein, mit mir nach Las Piedras zu fahren. Der Wagen zog beim Fahren spürbar nach links, und ich muß zugeben, daß ich nicht eben freundlich über die Autovermietung dachte.
Am Stadtrand von San Juan bog ich zum ersten Halt in ein gewundenes Seitensträßchen ab. Hier leitet Luis Rosario, der früher hoffnungslos Heroinsüchtige, von dessen wunderbarer Rettung ich bereits berichtet habe, zusammen mit seiner Frau Carmen ein Haus, in dem junge Menschen vor dem Abgleiten in den Drogenmißbrauch bewahrt werden sollen. Ich bin stolz auf die Arbeit, die Luis und Carmen hier leisten. Ich

wollte ihnen einen kurzen Besuch abstatten und meinen Gästen zeigen, was in diesen Häusern für junge Menschen auf Puerto Rico getan wird.
Als wir am Ende des langen Sträßchens vor dem Jugendhaus ankamen, schien dort alles in Aufruhr zu sein. Carmen Rosario berichtete, daß drei Jungen durch einen neuartigen Versuch, „high“ zu werden, völlig von Sinnen seien. Sie hätten Blätter der Campana, eines puertoricanischen Narkotikum-Gewächses, gekocht und diesen „Tee“ getrunken. Als Folge litten sie jetzt unter Wahnvorstellungen.
Ich ging zu dem Zimmer, in dem die drei untergebracht waren und wo für sie gebetet wurde. Einer von ihnen rief fortwährend „Mama“ und versuchte, sich aus dem Fenster zu stürzen. Carmen, stets die perfekte Gastgeberin, reichte den Besuchern Erfrischungen und meinte: „Noch nie hat einer der Jungen hier im Haus jemals etwas Derartiges getan.“ Aber sie war nicht ganz so ruhig wie sonst, und ich konnte mir vorstellen, daß sie sich fragte, warum wir ausgerechnet in einem solchen Augenblick kämen. Selbst dachte ich: Das ist ja eine feine Vorstellung, wie junge Leute vor Drogenmißbrauch bewahrt werden! Dabei wußte ich genau, daß hier kein Verschulden der Mitarbeiter vorlag.
Auf der Weiterfahrt zog der Wagen immer noch stark nach links, aber als ich mich eben darauf eingestellt hatte, begann das ganze Fahrzeug plötzlich zu hoppeln und zu zittern und brach nach rechts aus. Ich trat auf die Bremse und fuhr an den Straßenrand, denn ich hatte festgestellt, daß der rechte Vorderreifen geplatzt war. Die Luft war so plötzlich und vollständig aus dem Reifen entwichen, daß seine Reste platt und zerfetzt an der Felge hingen. Ich war heilfroh und dankbar, daß ich noch sicher und unverletzt hatte anhalten können.
Eine tropische Sonne schien auf uns herunter, als wir alle

ausstiegen und die beiden Männer mir halfen, den Reifen zu wechseln. Wir waren gerade dabei, den Ersatzreifen anzumontieren, als einer meiner Helfer aufsprang, mit den Armen um sich schlug und schrie:
„Mich beißt's, mich beißt's!" Im selben Augenblick fühlte ich Dutzende von winzigen Stichen an meinen Fußgelenken, rund um die Taille und auf meinen Armen! Ich schaute an mir hinunter und sah kleine rote Ameisen über meine Kleidung krabbeln. Als wir alle drei wie wild die Ameisen von Haut und Kleidern abklopften und abschüttelten, sah ich auf dem Boden Tausende dieser Tiere umherkrabbeln, besonders dicht bei meinen Füßen am rechten Vorderrad. Wir standen auf einem riesigen Ameisenhaufen!
Wir schüttelten die Ameisen so gut wie möglich ab und beendeten den Radwechsel in fliegender Hast. Ich hätte am liebsten meine ganze Kleidung ausgezogen, um die beißenden Quälgeister völlig loszuwerden, und ich weiß, daß es den anderen genauso ging. Wir mußten uns aber damit zufriedengeben, möglichst viele Ameisen abzustreifen und hier so schnell wie möglich wegzukommen.
Ich wollte nicht, daß Mutter sich über meine Reise nach Las Piedras Sorgen machte, und so kam ich – wie schon oft – unangemeldet. Ich meinte, dies sei richtig, zumal der Grund der Reise diesmal von so großer Bedeutung war. Aber als ich jetzt mit meinen Freunden eintraf, öffnete uns auf mein Klopfen hin meine Schwester Carmen.
„Nicky", sagte sie, „Mutter ist krank. Sie fühlt sich seit zwei Tagen nicht wohl."
Ein neuer Schlag! Mir hatte so viel daran gelegen, daß die beiden Verleger und ihre Frauen meine Mutter kennenlernten. Und für mich war es ungeheuer wichtig, mit ihr über die alten Zeiten der Zauberei und des Spiritismus zu sprechen.

Ich betete im stillen für Mutter und fragte mich, was zu tun sei, als Mutter aus dem Schlafzimmer kam und mich umarmte.

Mutter saß den ganzen Nachmittag bei uns und beantwortete meine Fragen und die meiner amerikanischen Freunde. Während sie so mit ihrer schönen Stimme in melodischem Spanisch redete, konnte ich mich nur wundern, daß sie eben von ihrem Krankenlager aufgestanden war. Aber Mutter ist eine starke Frau, und es gibt nur wenige Dinge, die sie nicht vermag, wenn sie Gott neben sich weiß.

Es war ein großartiges Gespräch mit Mutter auf der Veranda unseres Hauses. Ich übersetzte die Fragen der vier Amerikaner für Mutter ins Spanische. Sie antwortete dann mit ihrer singenden Stimme, und ich dolmetschte wieder. Wir erfuhren viel Grundlegendes und füllten manche Lücke in meiner Erinnerung auf. Einer der Herren hatte ein Tonbandgerät dabei und nahm unsere Gespräche auf Band auf – wie ich meinte.

Ich wäre an diesem Nachmittag sehr beunruhigt gewesen, wenn ich schon gewußt hätte, was ich erst am Abend erfuhr. Das erste Band lief ab, nahm aber etwa von der Mitte an nichts mehr auf. Als der Verleger dies entdeckte, war beinahe eine Stunde des Gespräches verloren. Zum Glück hatte er sich zusätzliche Notizen gemacht, so daß eine Rekonstruktion möglich war.

„So etwas ist mir noch nie passiert", sagte er, als er mir von dem Mißgeschick berichtete.

Als ich an jenem Abend meinen ersten Tag auf Puerto Rico mit seiner Suche nach Material für dieses Buch überdachte, rollten die Ereignisse nicht nur jenes, sondern auch des Vortages wie eine Fernsehdokumentation vor meinem inneren Auge ab:

- Der überfällige Wechsel und die Telefonate, derentwegen ich mein Flugzeug verpaßt hatte;
- die Reservierung des Mietwagens, die nicht geklappt hatte;
- die zwei vorangegangenen schlaflosen Nächte und die niederschmetternden Gedanken, die sich bei mir eingeschlichen hatten;
- die Jungen, die ausgerechnet in dem Augenblick Drogen genommen hatten, als wir zu Besuch kamen (So etwas war dort noch nie passiert. Warum gerade *jetzt*? War dieser Vorfall geplant, um unsere Arbeit unglaubwürdig zu machen?);
- das schlechte Auto, die Reifenpanne und die Ameisen. Warum platzte der Reifen gerade an der Stelle, so daß wir ausgerechnet auf einem riesigen Ameisenhaufen zum Stehen kamen?
- Mutters Krankheit;
- das defekte Tonband.

Hingen alle diese Dinge zusammen? Was ging da vor?
Ich knipste das Licht an und schlug in meiner Bibel das erste Kapitel des Buches Hiob auf. Wieder einmal las ich die alte Geschichte von den Unglücksfällen, die über das Leben dieses guten Menschen hereingebrochen waren. Nahezu gleichzeitig hatten ruchlose Räuber sein Großvieh gestohlen und seine Knechte ermordet, hatte ein Blitz in seine Herde eingeschlagen und seine Schafe verbrannt, hatte ein Sturm das Haus zerstört, in dem alle seine Kinder beim Festmahl zusammensaßen. Wenn heute irgend jemand auch nur eines dieser Mißgeschicke zustieße, würden wir den Kopf schütteln und fragen, wie das nur möglich sei. Aber im Buch Hiob führt Gott uns hinter die Kulissen und zeigt uns, warum solche Dinge geschehen. Der Teufel war hinter Hiob her. Er ver-

suchte, ihn Gott abspenstig und seinen eigenen Anspruch auf ihn geltend zu machen. Dazu bediente er sich der Naturgewalten, und er setzte auch Menschen ein, um diesen guten Mann zu Fall zu bringen.
Der Teufel konnte jedoch ohne Gottes Zustimmung nichts, aber auch gar nichts gegen Hiob und seine Familie unternehmen. Zwar hat der Teufel entsetzliche Macht, aber es gibt immer einen Punkt, an dem Gott sagt: „Bis hierher und keinen Schritt weiter!" Der Teufel konnte einen schrecklichen Sturm, Feuer vom Himmel und gesetzlose Verbrecher einsetzen. Später schlug er Hiob selbst, zuerst mit einem gräßlichen Leiden, dann mit den gotteslästerlichen Einflüsterungen seiner Frau. Sie versuchte unablässig, ihn gegen seinen Schöpfer aufzubringen. Aber so geschunden und geschlagen Hiob auch war, er gab nicht auf – und so stand Gott ihm bei!
Ich mußte an die Schriftstelle denken, die Gloria und ich kürzlich bei unserer Familienandacht gelesen hatten. Beim letzten Abendmahl, kurz bevor Petrus ihn verriet, hatte Jesus ihn gewarnt: „Simon, Simon, siehe, der Satan hat begehrt . . ." (Lk 22,31). Oder: „Er ist hinter dir her." *Natürlich* wollte der Satan den geborenen Führer der zwölf Apostel zu Fall bringen. Was wäre das für ein Sieg für die Hölle gewesen! Aber das war eben nicht alles, was Jesus zu Petrus gesagt hat. Er fügte dem ja noch hinzu: „Ich aber habe für dich gebeten, daß dein Glaube nicht aufhöre . . ." (Lk 22,32). Was haben wir doch für einen wunderbaren Heiland! Er betet für uns alle, und er läßt es nicht zu, daß der Versucher die Macht über uns gewinnt, solange wir ihm glauben und gehorchen!
Mir fiel das Telefongespräch ein, das einer der beiden Verleger mit John Sherrill geführt und von dem er uns berichtet hatte. Als John Sherrill, der Mitverfasser von David Wilker-

sons „Das Kreuz und die Messerhelden“ und anderer Bücher, von den Plänen zu diesem Buch hörte, rief er den Verleger an, um ihm einen Rat zu geben.
„Machen Sie sich auf alle nur möglichen Widerstände gefaßt“, warnte John Sherrill. „Der Teufel packt uns an unserer verwundbarsten Stelle. Und Sie wissen nie, was er alles versuchen wird. Als ich kürzlich an einem Artikel über dämonische Besessenheit arbeitete, ging die gesamte Einrichtung unserer Wohnung in die Brüche!“
Dann bat John Sherrill am Telefon Gott um seinen Segen für die Abfassung und Herausgabe dieses Buches. „Herr“, betete er, „hilf uns, dessen eingedenk zu sein, daß der Teufel zwar umherstreicht wie ein brüllender Löwe, daß er aber falsche Zähne hat; denn wenn wir ihm widerstehen, muß er von uns ablassen!“
Das war ein tröstliches Wort für mich, als ich über den jahrtausendealten Zwist zwischen Gott und dem Teufel nachsann. Trotzdem zweifle ich keineswegs daran, daß er „der Fürst dieser Welt ist“, wie die Bibel sagt. Aber in jener Nacht, als ich über seine Bemühungen nachdachte, störend auf das Entstehen dieses Buches einzuwirken, war ich unendlich dankbar für die Allmacht Gottes, die jeden seiner bisherigen Angriffe vereitelt hatte. Obwohl ich das usprünglich geplante Flugzeug nach San Juan verpaßt hatte, war ich mit einer späteren Maschine sicher angekommen; obwohl am Flughafen kein Wagen bereitstand, erhielt ich doch noch einen für die Fahrt nach Las Piedras; obwohl dieser Wagen in schlechtem Zustand war, erreichten wir alle das Ziel – trotz Reifenpanne und Ameisen!
Das Mißgeschick mit dem Campana-Tee zeigte ganz einfach die Probleme, mit denen unsere Auffang-Heime fertig werden und wogegen sie gewappnet sein müssen; und es bewies

die Fähigkeiten unseres Mitarbeiterstabes. Mutter war krank gewesen, aber der Herr ließ sie wunderbarerweise genau zur richtigen Zeit gesund werden. Auch wenn das Tonbandgerät zeitweise ausgesetzt hatte, war das Material, das Mutter uns im Gespräch vermittelt hatte, in den Aufzeichnungen und im Gedächtnis der Teilnehmer festgehalten und damit verfügbar.

Und Gott kann sich auch in schlaflosen Nächten erweisen. Mit diesem Gedanken sank ich in einen tiefen Schlaf, sicher geborgen in der schützenden Liebe meines himmlischen Vaters.

Während jener zweiten Nacht auf Puerto Rico hatte einer meiner Freunde ein merkwürdiges Erlebnis. Als er mir davon erzählte, wurde mir klar, daß es in derselben Nacht stattgefunden hatte, in der ich so bedrückt war über all die Dinge, von denen ich eben berichtet habe. Hier sein Erlebnis:

Gegen zwei Uhr nachts erwachte er mit einem Gefühl, das er noch nie vorher gehabt hatte. Er spürte den Teufel ganz nahe auf sich zukommen und hörte ihn bitten:

Tu ich dir nicht leid? Ich bin wegen einer Sache, die lange zurückliegt, zu ewiger Verdammnis verurteilt. Hab Erbarmen mit mir! Wenn diese Strafe nur ein Ende hätte, aber es gibt kein Ende. Siehst du nicht, wie sehr ich dein Erbarmen brauche? Hilf mir!

„Es war bestimmt kein Traum“, sagte mein Freund. „Ich war hellwach. Ich habe sogar auf die Uhr geschaut, wie spät es ist. Zuerst bedauerte ich den verurteilten und verdammten Geist, der mit mir zu reden schien. Dann wurde mir klar, daß jedes Mitgefühl ein Zweifeln an der Weisheit und Gerechtigkeit Gottes, meines Vaters, bedeutet. Und wenn ich ihm nicht vertrauen kann, wem kann ich dann überhaupt noch trauen?

Nicky, ich habe bis dahin nie viel über den Teufel und die Dämonen nachgedacht, aber dieses Erlebnis war so klar und eindeutig wie nur irgend etwas, das mir je passiert ist. Ich habe nur mit wenigen Leuten darüber gesprochen. Wenn irgend jemand mir das erzählt hätte, würde ich mich fragen, ob er noch bei Verstand sei, so fremd ist uns alles, was das Neue Testament von der Welt der Geister berichtet. Aber ich glaube, du wirst das verstehen, Nicky. Wenn du willst, kannst du das in deinem Buch berichten. Vielleicht kann es irgend jemandem helfen einzusehen, daß die unsichtbaren Dinge, von denen in der Bibel die Rede ist, so wirklich sind wie alles Sichtbare – tatsächlich sogar noch realer."

Als ich auf dem Flughafen von San Juan auf meine Maschine zum Rückflug nach New York wartete, schlenderte eine junge, etwa dreißigjährige Frau auf meinen Platz in der Halle zu und zischte mich mit zusammengebissenen Zähnen an: „Ich hasse deine Kraft!"

Ganz verdutzt versuchte ich mir darüber klarzuwerden, was das zu bedeuten hätte. Während ich noch so überlegte, brach ein übler Redeschwall über mich herein:

„Du behauptest, ein Christ zu sein. Verflucht sei jeder, der dieser schwächlichen, wehleidigen Abart einer Religion folgt. Du bist ein Hochstapler, Nicky Cruz, genau wie jeder, der anderen das Christentum eintrichtern will. Dein Gott ist nichts wert. Der wahre Gott ist der Teufel. Er ist der einzige, dem Anbetung gebührt, der einzige, der wirklich die Macht hat und wirkt. Ich will einen Fluch auf dich legen, den du nie mehr loswerden sollst." Und dabei starrte mich die junge Dame, die, von ihrem haßerfüllten Blick abgesehen, aussah wie hundert andere junge Frauen auch, so kalt, böse und gehässig an, wie ich es seit meinen Schlägereien in New York nicht mehr erlebt hatte.

Ich begriff, was sie jetzt versuchte. Sie wollte mich psychisch fertigmachen, mich mit einem psychologischen Trick von meinem Gottvertrauen abbringen. Ich spürte Wogen der Feindseligkeit über mich hereinbrechen, aber es beunruhigte mich nicht.

Ich ging ihr nicht in die Falle und erwiderte Haß nicht mit Haß. Ich erinnerte mich der unvorstellbaren Liebe, die vor Jahren meinen eigenen Haß überwunden hatte. So lächelte ich die junge Frau an und sagte: „Sie wissen, daß all das, was Sie gesagt haben, nicht stimmt. Aber ich glaube, ich kenne Sie nicht. Wer sind Sie?"

Schweigen war die Antwort, und ihre haßerfüllten Blicke bohrten sich in meine.

„Ich werde für Sie beten", fuhr ich fort. „Ich werde zu Gott beten, der die Güte und Allmacht selber ist, zu dem Gott, der mich so liebhat, daß er mich mit dem schützenden Blut Jesu Christi reingewaschen hat; er zeige Ihnen, daß der einzig sichere Ort beim Gekreuzigten ist. Im Namen Jesu fordere ich Sie auf, sich ihm jetzt zuzuwenden und ihn als Heiland anzunehmen!"

Das Gesicht der jungen Frau verzerrte sich vor Wut. „Dummes Gewäsch!" schrie sie. Dann drehte sie sich um und verschwand in der Menge der Reisenden.

Als ich von Puerto Rico zurückkam, mußte ich von New York aus gleich zu einem Jugendtreffen nach Detroit. Zufällig traf ich dort meine guten Freunde Lou und Lana Rawls, und es ergab sich, daß wir zusammen zu Abend aßen, ehe ich wieder abreiste.

Auf der anschließenden Taxifahrt über die Schnellstraße zum Flughafen verlor der Wagen plötzlich an Geschwindigkeit. Ich hörte kreischende Bremsen hinter uns und sah die Tacho-

meternadel auf 60, 55, 50, 40 fallen. „Fahren Sie rechts raus!“ rief ich dem Fahrer zu. Er tat es, und im selben Augenblick brauste ein schwerer Lastwagen an uns vorbei. Er mußte mindestens 100 Stundenkilometer gefahren sein. Mein Fahrer hatte Schweißtropfen auf der Stirn.
„Ich weiß gar nicht, was los ist“, sagte er. „So etwas ist mir noch nie passiert!“
Ich sah, daß er das Gaspedal ganz durchgetreten hatte.
Dann kletterte die Tachonadel langsam wieder auf 100 Kilometer, und wir erreichten den Flughafen. Als ich ausstieg, murmelte der Taxifahrer noch immer vor sich hin und schüttelte den Kopf. Er begriff nicht, was vorgefallen war.
Ich kann aber von mir nicht behaupten, daß ich es nicht gewußt hätte.
Während des Abfluges von Detroit rief ich mir noch einmal die unglaubliche Geschichte in Erinnerung, die Lou und Lana Rawls mir von den Vorkommnissen in ihrer Wohnung in Encino in Kalifornien erzählt hatten. Es war nachgerade verblüffend, wie sie haargenau zu dem paßten, was ich selber gerade erlebt hatte.

8. Die Eindringlinge

Der Teufel hat sich in Europa und Amerika eifrig darum bemüht, sich mit seinem Unwesen in den Menschen und in ihren Wohnungen einzunisten. In Tausenden und aber Tausenden von Herzen und Häusern hat er Einlaß gefunden. Obwohl ich diese Entwicklung in den letzten Jahren ganz klar beobachten konnte, war ich doch überrascht, als ich von zwei mir persönlich sehr nahestehenden Freunden erfuhr, wie der Herr der Lüge sich in ihr Leben eingeschlichen hatte. Am Abend meiner Rückkehr von Las Piedras genoß ich mit Lou und Lana Rawls ein herrliches Abendessen. Die Gespräche mit meiner Mutter über die Zauberei und meine eigenen Erlebnisse mit Dämonen beschäftigten mich noch so sehr, daß ich beim Essen dieses Thema anschnitt. Als ich die Wörter „Geister" und „Dämonen" aussprach, schauten sich Lou und Lana an, als ob ich einen wunden Punkt berührt hätte. Und ich merkte rasch, daß dies auch der Fall war.

Weder Lana noch Lou hatten es im Leben leicht gehabt – weder vor noch nach ihrer Heirat. Lana kam mit zehn Jahren in ein katholisches Internat, und schon als Teenager wurde ihr die Verantwortung für ihren kleinen Bruder Larry aufgebürdet. Um ihn und sich selber durchzubringen, arbeitete sie mit siebzehn Jahren als Bedienung in einem Playboy-Klub. Sie mußte sich dort sehr frei benehmen, aber sie gab die durch ihre frühere Erziehung geprägte strenge moralische Haltung nie auf.

Mit achtzehn begegnete sie Lou. Er war einige Jahre älter als sie und hatte seine Laufbahn als Sänger gerade begonnen. Die beiden verliebten sich ineinander, und durch ihre Liebe fanden sie über viele Schwierigkeiten hinweg zusammen. Obwohl Ehen von Partnern verschiedener Rasse noch immer verhältnismäßig selten sind, werden sie heute doch eher akzeptiert als vor dreizehn Jahren, als Lana und Lou heirateten. Zur Zeit ist schwarz schick. Damals wurde über Lou und Lana der Stab gebrochen, sie wurden verwünscht, der Umgang mit ihnen von allen Seiten abgelehnt, und von Schwarzen wie von Weißen wurden sie buchstäblich verfolgt. Aber trotz aller Ängste und tiefer Einsamkeit stand Lana fest zu Lou und ermutigte ihn mit ihrer Liebe. Diese tiefe Liebe, die bei ihnen schon in so jungen Jahren gewachsen war, wurde mit der Zeit tiefer, stärker und auch belastbarer. Lana und Lou gingen im Schaugeschäft miteinander durch dick und dünn und hatten oft nur einander als Halt und Hilfe. So überrascht es nicht, daß „Die Liebe ist ein schmerzliches Ding“ eines der Lieblingslieder von Lou ist.

Ihr gemeinsamer Existenzkampf ist wahrscheinlich mit ein Grund dafür, daß sie mit beiden Beinen fest auf der Erde stehen, obwohl Lou sich inzwischen durchgesetzt hat und im Schaugeschäft etwas gilt. Er ist im Ghetto aufgewachsen und kennt das Leben von seiner härtesten Seite. Für sozial benachteiligte Kinder hat er ein warmes Herz, was er schon mehrmals durch Stipendien für die Weiterbildung begabter

Kinder zum Ausdruck brachte. Er weiß, wie es um sie steht, und er geht ihnen nach, um mit ihnen zu teilen. Am lebendigsten drückt sich Lou aber in seinen Liedern aus. Er „durchlebt“ seine Lieder, ähnlich wie ich meine Predigten „durchlebe“. Er legt sein Herz und seine Seele in jedes Lied, das er singt; das hat ihn zu dem großen Vortragskünstler gemacht, der er heute ist, und hat ihm auch die Wärme und Ausstrahlung seiner Persönlichkeit bewahrt.
Lana strahlt diese Natürlichkeit und Wärme ebenfalls aus, wenn man sie näher kennt. Nachdem sie so oft falsch eingeschätzt und schlecht gemacht wurde, ist sie jetzt vorsichtig und zeigt sich neuen Bekannten gegenüber nicht gleich als die wahre Lana. Ihre Heirat mit Lou, ihre auffallende Kleidung, sogar ihre falschen Wimpern haben viele Kirchenleute dazu veranlaßt, sie zu meiden – oder sie aufzufordern, zum Gebet nach vorne zu kommen! Aber alle, die so vorschnell urteilen, wissen wenig davon, wie es in ihrem Herzen aussieht. Dasselbe gilt für Lou. Er wird oft wegen seiner Tätigkeit im Schaugeschäft kritisiert. Aber ich kenne ihn und Lana gut – die wirklichen Rawls –, sie sind prachtvolle Menschen, für die ich Gott lobe und danke!
Ich war deshalb höchst überrascht, als die beiden an jenem Abend in Detroit von ihren schlimmen Erfahrungen und Prüfungen berichteten. Sie hatten ähnliches durchmachen müssen wie ich früher. Nachdem sie sich mit Blicken verständigt hatten, meinte Lou: „Komm, wir erzählen es ihm.“

Lana erklärte: „Nicky, wir haben Dinge durchgemacht, die wir kaum wagen, jemandem zu erzählen. Die meisten Leute würden uns für verrückt erklären.“
„Als Lana anfing, mir von Mr. Benson zu erzählen,“ meinte Lou grinsend, „fragte ich sie zuerst, ob ich sie zum Psychiater

schicken sollte!“ Er schüttelte seinen Kopf. „Selbst nachdem ich es mit eigenen Augen gesehen habe, kann ich es noch kaum glauben.“

Die ganze Sache begann mit dem Einzug in ihr gegenwärtiges Heim in Encino. Ihr Haus ist eines jener architektonischen Kunstwerke, die man in Kalifornien, vor allem aber in Hollywood oder seiner näheren Umgebung sieht: ein Zweiundzwanzig-Zimmer-Palast, zu neunzig Prozent verglast und in einem prunkvollen Park mit tropischen Bäumen und Blumen aller Arten und Farben gelegen. Es steht auf der Kuppe eines Hügels und gibt den Blick auf die City von Los Angeles frei. Wenn man abends auf die Stadt hinuntersieht, erinnern einen Tausende von glitzernden und tanzenden Lichtern an einen Weihnachtsbaum. Man befindet sich in einer Burg und blickt auf sein Königreich.

Eines Morgens hatte Lou gerade das Haus verlassen, als Lanas Bruder Larry, der bei ihnen wohnt, mit kalkweißen Lippen in die Küche kam. Nachdem er eine Tasse Kaffee in einem Zug geleert hatte, platzte er heraus:

„Dies ist das verrückteste Haus, in dem ich je gewesen bin.“

„Was meinst du damit, Larry?“ fragte Lana.

„Als ich heute früh aufwachte, glaubte ich, ich müsse erstikken. Auf meinem Kopf lag ein Kissen, und es schien so, als ob irgend jemand es mir aufs Gesicht preßte. Ich bekam keine Luft mehr! Zuerst dachte ich, es sei ein grober Spaß.“

Als Larry nicht weitersprach, fragte Lana: „Na gut, und was war es? Mach die Sache doch nicht so spannend!“

„Das ist es ja eben“, brummte Larry und zog ärgerlich die Stirne kraus. „Ich konnte das Kissen schließlich wegstoßen – und da war niemand.“

„Du willst mir einen Bären aufbinden“, meinte Lana.

Aber dem war nicht so – und das war nur der erste einer

ganzen Reihe von unglaublichen Vorfällen im Haus der Rawls!
Kurz darauf erzählte Lous Nichte Tiny, die zu der Zeit auch bei ihnen wohnte, ihrer Tante, sie hätte nachts oft das Gefühl, es sei jemand in ihrem Zimmer. „Manchmal öffnete und schloß sich die Tür, als ob gerade jemand hereinkomme", sagte Tiny, „aber da war niemand. Ich habe mich nicht getraut, es jemandem zu erzählen, weil ich Angst hatte, ihr würdet mich alle auslachen."
Als Lana und Lou mit ihrer Geschichte fortfuhren, stand der Kellner (der mit einer neuen Kanne Kaffee gekommen war) mit weit aufgerissenen Augen da. Zuerst dachte ich, er starre einfach Lana an. Sie ist nämlich eine Frau, die einen Raum nur zu betreten braucht und schon die Aufmerksamkeit aller auf sich zieht. Sie hat nicht nur eine gute Figur, sondern ist auch eine sehr frauliche Erscheinung – der Typ blauäugiger Blondinen, der jeden Mann zum Flirten reizt. Aber dann ging mir auf, daß der Mann ganz offensichtlich von der Geschichte gefesselt wurde, nicht von Lana. Schließlich kam er zu sich, stellte die Kaffeekanne ab und ging; es erstaunte mich nicht, daß er fasziniert war.
Lana berichtete nun mehr von dem Haus selbst und meinte, daß man in ihm bei nebligem und stürmischem Wetter ein gespenstisches Gefühl bekomme. Als Lana sich von einer schweren Operation erholen sollte und deshalb noch sechs Wochen ans Bett gefesselt war, kam George Ann Tenney, eine großartige, fromme Frau, zu ihnen und sorgte für die beiden Kinder Louanna und Lou. George Ann Tenney hat ein außergewöhnliches Urteils- und tiefes Einfühlungsvermögen. Als sie zum ersten Mal das Haus betrat, hatte sie das beklemmende Gefühl, daß der Teufel umgehe. Sie ging von Zimmer zu Zimmer und flehte zum Herrn um seinen Schutz.

Eines Abends, erzählte Lou, als die Familie im Wohnzimmer saß, öffnete und schloß sich die Haustür, als ob ein Unsichtbarer hereingekommen sei. An einem anderen Abend machten sich die beiden gerade zum Schlafengehen fertig. Lana nahm die Tagesdecke ihres runden Bettes ab, auf der tagsüber ein Fernsehkissen liegt. Das Fernsehkissen hatte sie auf ihrer Seite auf den Boden neben das Bett gelegt; Lou putzte sich im Bad die Zähne. Als der kleine Lou, der abends nur sehr ungern ins Bett geht, nach seiner Mutter rief, ging Lana in sein Zimmer, um ihn zuzudecken. Als sie ins Schlafzimmer zurückkam, fand sie ihr Fernsehkissen wieder oben auf dem Bett.

„Lou!“ rief sie, als ihr Mann aus dem Badezimmer zurückkam. „Was geht hier vor?“

Als sie ihm erklärte, daß ihr Kissen auf mysteriöse Weise auf das Bett zurückgeflogen war, war er wie vor den Kopf gestoßen.

In dieser Nacht lag Lana noch lange wach, als alle anderen schon längst schliefen. Beim Nachdenken über die eigenartigen Vorfälle der letzten Zeit kam ihr der Gedanke: *Hier muß ein Dämon im Hause sein, und der will sich bemerkbar machen.*

„Das ist doch lächerlich“, sagte Lana zu sich selbst. Aber diese Vorstellung ließ sie nicht mehr los.

Mitten in der Nacht, als alle anderen fest schliefen, hörte Lana das Klappern von Töpfen und Pfannen.

Am anderen Morgen sah die Küche aus wie ein Schlachtfeld. Eine schwere Bratpfanne lag mitten auf dem Fußboden, ein Stück daneben, nicht weit vom Kühlschrank, der große Dampfkochtopf. Die Kaffeekanne stand im Ausguß, und die Messer und Gabeln waren in alle Ecken und Winkel der Küche verstreut.

„Was war denn hier heute nacht los?“ fragte Bea, das Hausmädchen.
„Genau das möchte ich auch gerne wissen“, gab Lana zurück und half Bea, alles wieder an seinen Platz zu stellen. Als Lou hereinkam, wollte er den Frauen die Geschichte nicht glauben. „Das geht ja nun doch entschieden zu weit“, meinte er.
Genau denselben Eindruck hatte Lana kurz darauf, als Lou zu einigen Gesangsauftritten nach Chicago gefahren war. Sie wollte sich dort mit ihm treffen und ihm eine Lederjacke mitbringen, die sie in Spanien für ihn gekauft hatte. Am Morgen ihrer Abreise nahm Lana die Lederjacke aus dem Kleiderschrank und hängte sie über die Lehne eines Schaukelstuhls in einer Ecke des Schlafzimmers. Nach dem Frühstück, als sie mit Packen soweit fertig war, wandte sie sich um, um die Jacke oben auf den Koffer zu legen. Als sie nach der Lehne des Stuhls griff, war die Jacke weg.
Sie rief Bea und fragte, ob sie Lous Jacke weggeräumt habe. Aber Bea war über das merkwürdige Verschwinden der Jacke ebenso verblüfft wie Lana. Die Lederjacke war nirgends zu finden. Schließlich fuhr Lana ohne sie weg, schloß aber die Schlafzimmertür ab, als sie hinausging.
Als Lou und Lana zurückkamen und die Tür zum Schlafzimmer aufschlossen, fragte Lou: „Wie kamst du darauf, daß meine Jacke verschwunden sei? Sie hat die ganze Zeit hier gehangen.“
Und tatsächlich, da hing die Lederjacke auf der Lehne des Schaukelstuhls, genau an der Stelle, wo Lana sie hingehängt hatte. Nur hatte sie nicht die ganze Zeit über dort gehangen, wie Lana und Bea sehr genau wußten.
Das Haus der Rawls hatte früher einem sehr wohlhabenden Mann gehört. Nachbarn erzählten den beiden, daß Mr. Ben-

son die Sonne, die durch die großen Glastüren des Badezimmers schien, mit Vorliebe in dem runden Becken genossen hatte, das in den Boden eingelassen war. Die Gattin des inzwischen verstorbenen Mr. Benson war eine schlanke, blonde, blauäugige Frau, die Lana sehr ähnelte.

Da Lana sich den Blicken der Nachbarn nicht so aussetzen wollte, beauftragte sie einen Dekorateur, vor den Glastüren einen Vorhang anzubringen. Er dübelte eine stabile Schiene ein und kam am nächsten Tag, um den Vorhang aufzuhängen.

An diesem Morgen erhielt Lana in dem Bekleidungsgeschäft, das sie und Lou betreiben, einen aufgeregten Anruf des Dekorateurs:

„Mrs. Rawls", fragte er, „ist heute nacht in Ihr Haus eingebrochen worden?"

„Eingebrochen? Nicht, daß ich wüßte. Wieso?"

„Die große Vorhangschiene", sagte er, „die ich gestern angebracht habe, ist völlig verbogen."

„Das kann doch nicht Ihr Ernst sein", rief Lana ins Telefon.

Es war sein Ernst. Als Lou und Lana abends nachsahen, stellten sie fest, daß die Schiene zu einem Kreis gebogen war. Lana meinte:

„Die Schiene ist so gebogen worden, wie Mr. Bensons Vorhänge nach Aussage der Nachbarn auch hingen."

Sie und Lou erinnerten sich dabei mehrerer anderer Veränderungen, die sie im Haus hatten vornehmen lassen und bei denen sie jedesmal mysteriöse Widerstände erlebt hatten.

Lana erklärte eines Tages: „Das hat jetzt aufzuhören." Sie hob die Stimme: „Mr. Benson, die neue Vorhangschiene wird in den Zustand versetzt, wie wir sie haben anbringen lassen. Hören Sie gefälligst mit dem Unfug auf!"

Lana und Lou haben in den vergangenen zwei Jahren vergeblich versucht, das Haus zu verkaufen. Jedesmal, wenn die

Arbeiter der Maklerfirma auf dem Rasen vor dem Haus das Schild ZU VERKAUFEN aufgestellt hatten, lag es am nächsten Morgen in der Efeuhecke. Das passierte etwa zwanzig Mal. Lana rief dann den Chef an, er möge ein neues Schild aufstellen lassen, doch am nächsten Morgen lag es wieder unten. Schließlich brachte die Immobilienfirma ein massives, schweres Metallschild an, rammte die Pfähle tief in den Boden und verschraubte sie oben. Nicht einmal ein schwerer Sturm hätte ihm jetzt etwas anhaben können. Aber am nächsten Morgen lag es wieder am Boden in der Efeuhecke.

„Nicky", sagte Lana, „ich kann Ihnen morgen ein Foto von dem Schild schicken. So wahr Gott mein Zeuge ist, dieses Schild liegt heute noch im Efeu."

Bei den Berichten über diese unglaublichen Vorfälle verschlug es mir die Sprache. Ich kenne die beiden. Ich weiß, daß sie die Geschichte bestimmt nicht erfunden haben. Ich kann das mit Gewißheit sagen, denn schon der Ausdruck ihrer Gesichter und ihrer Stimmen machte deutlich, daß das, was sie erlebt hatten, Wirklichkeit war, echte, erschreckende Wirklichkeit.

Im Jahre 1969 wurde Lana, wie viele Leute in Kalifornien, von umlaufenden Vorhersagen über ein bevorstehendes Erdbeben beunruhigt, das den Staat Kalifornien erfassen und im Ozean versinken lassen werde. Sie wandte sich an einen befreundeten Astrologen und vertraute ihm ihre Ängste an. „Lana", riet er, „Sie sind der Typ, der die Geister anlockt. Zünden Sie deshalb nie Kerzen an – sie ziehen Geister auf Menschen wie Sie."

Lanas und Lous Schlafzimmer ist sehr weiträumig; es hat eine außergewöhnlich hohe Decke, große Fenster und eine Tür zum Innenhof. Viel Plüsch-Dekor, in verschiedenen Abstufungen von rotem Chiffon bis zum Samt, ein gewaltiger

Leuchter über dem runden Bett, um das rote Vorhänge rundherum gezogen werden können, geben ihm das Aussehen eines „Harem-Lagers".

Eines Abends waren Lana und Lou in ihrem Schlafzimmer. Lou hatte leise, zärtliche Musik angestellt, Lana alle Lampen ausgeschaltet und einige schöne Kerzen angezündet, die sie geschenkt bekommen hatten. Der ganze Raum mit seinen roten Stoffen glühte im schummrigen Kerzenlicht. Die beiden lagen im Bett und waren im vertrauten Gespräch, die Vorhänge rings um sich zugezogen. Die ganze Szene machte den Eindruck einer Leichenaufbahrung – als ob Lana im Sarg läge. Ich bin überzeugt, daß ihr dieser Gedanke damals nicht gekommen ist, aber sie sagte: „Wenn ich heute zurückblicke, bin ich sicher, daß jeder, der hereingekommen wäre, diesen Eindruck hätte gewinnen müssen."

Lou drehte sich zu Lana hinüber und sah, daß ihr Gesicht plötzlich angstverzerrt war. Aus ihren Augen blickte Verzweiflung. Sie fing an zu röcheln und versuchte zu schreien, konnte aber nur flüstern: „Ich glaube, ich habe einen Herzanfall. Hilf mir! Hilf mir doch!"

Sie meinte, ersticken zu müssen. Sie versuchte, sich zu beruhigen, aber die Angst überwältigte sie.

„Was ist denn los?" Lou war außer sich. Ihn erfaßte Panik. „Was soll ich denn tun? Soll ich einen Krankenwagen holen? Wie kann ich dir denn helfen?"

Aber Lana, die verzweifelt zu schreien versuchte, stöhnte mit heiserer Stimme: „Faß mich nicht an! Blas die Kerzen aus! Blas die Kerzen aus!"

Mehrmals wiederholte sie: „Blas die Kerzen aus!" Dabei kroch sie an das Fußende des Bettes und riß die Vorhänge auf. Dann glitt sie vom Bett herunter und kroch langsam auf Händen und Knien bis auf den Innenhof hinaus. Nachdem

Lou alle Kerzen ausgeblasen hatte, wurde ihre Atmung allmählich wieder normal.
Als sie sich etwas erholt hatte, richtete sich Lana auf und ging langsam über den Hof zu der Ecke hin, von der aus man auf die Stadt hinunterschauen kann. Noch ganz benommen starrte sie in die Dunkelheit hinaus und auf die Lichter der Stadt. Als sie so dastand, völlig erschöpft von ihrem erschütternden Erlebnis, versuchte sie sich zu erinnern, was sie gefühlt hatte – daß ihr Leben ausgelöscht und sie zu einem schrecklichen Ort geführt worden war, von dem es keine Rückkehr gab. Dann war ihr die Warnung des Astrologen in bezug auf die Kerzen eingefallen. Vor diesem Anfall hatte sie sich ausgesprochen wohl gefühlt, war auch in letzter Zeit nicht krank gewesen. Und jetzt, plötzlich, ohne Vorwarnung, konnte sie nicht mehr atmen. Als der kühle Nachtwind ihren Körper und ihre Haare umwehte, gingen ihr Fragen über Fragen durch den Kopf. „*Warum?* Warum, Lou?“ fragte sie ein über das andere Mal.

Eines Abends kam Lana heim und fand Larry und Fern, die mit der Familie gut befreundet ist, zusammen mit einigen Freunden von Larry beim Ouija-Brettspiel. Sie verstand nicht viel von diesem sogenannten Spiel und war sich, obwohl sie eine fromme Christin ist, seiner satanischen Macht nicht bewußt.
„Lana“, bat Larry, „komm, setz dich zu uns und stell einige Fragen. Sprich im Ouija-Spiel mit Mr. Benson.“
Lana dachte an die seltsamen Erfahrungen, die sie in der zurückliegenden Zeit gemacht hatte. „Aber Ouija ist doch nur ein Spiel“, sagte sie.
„Nein, das ist es nicht“, entgegnete Larry. „Es ist wirklich erstaunlich, was man manchmal dabei herausbekommt.“

(Lassen Sie mich wiederholen: Ouija ist ein *sehr* gefährliches „Spiel“. Niemand sollte sich, wie Lana und Lou heute wissen, darauf einlassen.)
Lana setzte sich zu der Gruppe um das Ouija-Brett und begann, es zu befragen. Wie Sie vielleicht wissen, funktioniert dieses „Spiel“ so, daß der Betreffende seine Fingerspitzen ganz locker über eine Plastikscheibe hält, die die Fragen beantwortet, indem sie sich dreht und mit dem Zeiger auf verschiedene Punkte des Brettes wandert. Ein typisches Ouija-Brett enthält alle Buchstaben des Alphabets, die neun Ziffern und die Wörter JA, NEIN und AUF WIEDERSEHEN.
Die Sitzung begann mit einfachen Fragen: „Ist es heller Tag?“
Die Scheibe drehte sich und zeigte richtig auf das Wort NEIN.
„Wieviel Uhr ist es?“
Schnell bewegte sich die Scheibe mit dem Zeiger auf die Zahlen 9.55 und die Buchstaben P.M. (Nach Mittag).
„Kennen Sie meine Kinder?“ fragte Lana.
Die Scheibe nannte die Anfangsbuchstaben ihrer Namen.
„Für wen arbeite ich?“
(Das Ouija-Brett weigerte sich, meinen Namen zu buchstabieren – ich beschäftigte Lana als Leiterin der Abteilung Öffentlichkeitsarbeit meiner Heime, Jugendhäuser und anderer Einrichtungen. Vielleicht weigerte es sich, weil ich Christ und Prediger bin, vielleicht auch aus Eifersucht auf mich.)
„Ist mein Arbeitgeber verheiratet?“
JA
„Wie heißt seine Frau?“
GLORIA CRUZ
„Haben die beiden Kinder?“
JA – DREI MÄDCHEN
„Sind Sie Mr. Benson?“
JA

„Sind Sie hier?“
JA
„Wenn Sie wirklich hier sind“, sagte Lana, „dann möchte ich, daß Sie sich sofort zeigen.“
Da geschah etwas, das schwer zu erklären ist. Lana hat im Wohnzimmer eine Anzahl Grünpflanzen stehen. Als sie den Geist aufforderte, sich zu zeigen, begannen sofort die Wedel der Zimmerpalmen sanft zu schaukeln. Obwohl alle Fenster geschlossen waren, wiegten sich die Pflanzen sachte hin und her. Lana erschrak nur wenig, denn sie spürte deutlich, daß Jesus Christus bei ihr war und sie schützte.
So fuhr sie in ihrer Befragung fort: „Sind Sie eifersüchtig?“
JA
„Auf wen sind Sie eifersüchtig?“
Die Scheibe buchstabierte: LOU
(Hier sollte ich vielleicht ergänzen, daß Lana, wie bereits erwähnt, sehr schön ist, einen zarten weißen Teint, blonde Haare und blaue Augen hat. Lou ist 1,80 m groß, jeder Zentimeter ein Herr, eine angenehme, auf Frauen wirkende Erscheinung und von ungeheurer Ausstrahlung. Und Lou ist ein überaus erfolgreicher Sänger.)
Als Lana sah, daß das Brett LOU buchstabierte, fiel ihr ein, daß Lou schon oft gesagt hatte, er habe sie angerufen, aber es habe sich niemand gemeldet. Nach mehreren solcher Vorkommnisse hatte jemand entdeckt, daß die Telefonglocke fast ganz abgestellt war. Sie fragte nun das Ouija-Brett: „Haben Sie das Telefon leise gestellt?“
JA
„Lieben Sie mich?“
JA
„Haben Sie mich je körperlich besessen?“
JA

„Wie oft?"
Die Scheibe drehte sich heftig zwischen allen Ziffern hin und her, als ob sie die Orientierung verloren hätte.
„Sind Sie eifersüchtig auf Männer in meinem Hause?"
JA
„Haben Sie sich auch anderen Frauen hier im Hause genähert?"
JA
„Wer hat sich Ihnen nicht hingegeben?"
FERN
Fern ist ein hübsches junges Mädchen, das gelegentlich bei den Rawls übernachtet. Daß ihr Name buchstabiert wurde, hat seinen Grund vermutlich darin, daß sie unberührt ist.
„Würden Sie jemals versuchen, mich zu mißhandeln?"
NEIN
„Würden Sie Lou dazu benutzen, mich zu mißhandeln?"
JA
Dann erinnerte sich Lana daran, daß ihr weißer Pudel Fufu ihr folgte, wohin sie auch ging. Selbst bei zwanzig Kilometern am Tag wich er nicht von ihrer Seite. Wenn Lana badete, saß er auf der zweiten Stufe ihres in den Boden eingelassenen Badebeckens und bewachte sie. Jede Nacht schlief Fufu bei ihr. Und jedes Mal, wenn sie verreiste, verkroch er sich und heulte stundenlang.
„Sind Sie jemals in meinen Hund Fufu gefahren?" fragte Lana das Ouija.
JA
Das Ouija-Brett gab auf alle Fragen, die ihm gestellt wurden, genaue Antworten. Lana wurde ganz beklommen zumute, denn sie merkte, daß dies kein „Spiel" war. So angstvoll wie noch nie in ihrem Leben vor dem Unbekannten, der offensichtlich von Eifersucht und Zerstörungswut besessen und

von mörderischen Absichten erfüllt war, fiel sie auf die Knie und betete: „O Gott, ich will von keinem Geist besessen sein als von deinem Heiligen Geist. Bitte hilf mir. Amen."

Im selben Augenblick zuckte die Drehscheibe mit dem Zeiger auf das Wort AUF WIEDERSEHEN, sprang dann vom Spielbrett ab und fiel auf den Boden.

Lana wünschte gute Nacht, ging in ihr Schlafzimmer, betete und fiel dann in einen friedlichen Schlaf.

Unterdessen hörten die anderen, die weiterspielten, daß irgend jemand in die Sprechanlage atmete. (Das Haus der Rawls hat eine Sprechanlage, die in jedes Zimmer führt, nachts aber immer abgeschaltet ist.) Zuerst dachten die jungen Spieler, Lana wolle sich mit ihnen einen Scherz machen. Aber als Larry die Tür ihres Schlafzimmers öffnete, schlief sie fest; trotzdem ging das Atemgeräusch weiter. Larry rannte von Zimmer zu Zimmer, prüfte systematisch die Sprechanlage und stellte fest, daß jeder Apparat abgestellt war. Einer von Larrys Freunden, der noch nicht glauben wollte, was er sah und hörte, sagte zu dem Geist, wenn er wirklich existiere, solle er um zwei Uhr in der Nacht seine Existenz beweisen. Um Punkt zwei Uhr begannen sich die Pflanzen im Zimmer zu bewegen. Gleichzeitig fing auch das Klavier in der Ecke an zu spielen – keine Melodie, sondern nur verschiedene Töne, wobei sich auch die Tasten sacht bewegten. Obwohl keine Fenster offen waren, konnte die Gruppe im Zimmer deutlich einen heftigen Luftzug spüren. Larry rannte in sein Zimmer, nahm seine Bibel und begann, darin zu lesen. Im selben Augenblick hörten die geheimnisvolle Bewegung der Pflanzen und das Klimpern des Klaviers auf. Lana war streng katholisch erzogen worden, hatte jedoch keine persönliche Beziehung zu Jesus gefunden, bis sie sich vor zweieinhalb Jahren auf einem meiner Evangelisations-Kreuzzüge ganz in

Jesu Hände gab. Seit jener Zeit ist sie ein anderer Mensch geworden. Sie liest ihre Bibel, und das Gebet ist eine sehr ernste Angelegenheit für sie geworden. Sie sucht jetzt nach Gottes Führung in ihrem Leben.
Lou wuchs im Farbigenghetto von Chicago auf, hat aber beachtliche Kenntnisse vom christlichen Glauben und Leben, weil seine Großmutter, eine entschiedene Christin, ihm als kleinem Jungen aus der Bibel vorgelesen hatte. Lou liebt den Herrn; es ist ihm sehr ernst damit, so schwer es auch für einen Menschen ist, immer für Christus einzustehen, wenn er so im Licht der Öffentlichkeit steht wie Lou. Seit diesem ersten Gespräch über „Mr. Benson" habe ich häufig mit Lou und Lana diskutiert und gebetet.
„Ihr wißt", sagte ich eines Abends, als ich bei ihnen war, „daß der Geist eines Menschen nach dem Tode nicht auf der Erde herumschwirren kann. Jesus hat dem einen Mörder, der neben ihm gekreuzigt wurde, versprochen: ‚Heute noch wirst du mit mir im Paradiese sein.' In Jesu Gleichnis vom armen Lazarus (Lk 10) bat der reiche Mann nach seinem Tod, noch einmal auf die Erde zurückkehren und seine Brüder warnen zu dürfen, ihm nicht auf dem Weg zur Hölle zu folgen; aber es wurde ihm nicht erlaubt, den Strom noch einmal zu überqueren.
Ich bezweifle keineswegs, daß ihr von einem Dämon geängstigt worden seid, aber ich kann einfach nicht glauben, daß es der Geist von Mr. Benson war. Der Teufel ist, wie ihr wißt, ein Lügner und Betrüger. Mir scheint, ihr seid von einer dämonischen Erscheinung durcheinandergebracht worden. Alle eure Erlebnisse zeigen nur, daß Dämonen in ihrer Wirkung viele offenkundige Merkmale der Psychose haben. Sie sind irreführend, unvorhersehbar und manchmal in einer dem nüchternen Denken unfaßbaren Weise zerstörerisch.

Durch manche Dinge hat euch der Teufel vielleicht nur von Christus abbringen wollen. Wie gerne veranlaßte er euch dazu, an eine Welt der Geister zu glauben, statt an den Himmel und die Hölle! Wie sehnlich wünscht er, daß ihr auf ihn statt auf Christus vertrauen würdet!"

Lou und Lana baten mich, darum zu beten, daß der Dämon das Haus verließe. So vereinigten wir uns alle in dem Gebet: „Herr, fülle dieses Haus von oben bis unten mit deiner Liebe und Gnade. Mögen Lou und Lana und alle, die hier wohnen, bei ihren Bitten um Hilfe und Führung sich einzig auf dich verlassen. Fülle sie alle mit deiner Gnade, und mit deinem Heiligen Geist rüste sie aus. Befreie sie von aller Macht und Anfechtung des Bösen. Lasse sie durch das Blut Jesu Christi reingewaschen sein für alle Zeit und Ewigkeit. Amen."

„Weißt du, Nicky", sagte Lana, „seit du für uns in jener Nacht gebetet hast, haben wir nichts mehr von ‚Mr. Benson' gehört. Unser Haus steht unter dem Schutz Jesu Christi, und nichts kann uns mehr schaden."

Lou hat einige Male bei den Fernsehevangelisationen von Oral Roberts gesungen, und die beiden sind gute Freunde geworden. Als Oral nach Los Angeles kam, um einige Aufnahmen für seine Sendungen zu machen, lud Lou ihn zu sich nach Hause ein. Bei diesem Besuch erzählte das Ehepaar dem Evangelisten von seinen Erlebnissen mit den Geistern, und auch Oral betete für sie um völlige Befreiung von den Dämonen. Er erinnerte sie daran, daß Jesus gekommen sei, um uns den vollkommenen Sieg über den Teufel zu bringen. Wir brauchten diesen Sieg nur anzunehmen.

Lou und Lanas Erfahrungen weckten in mir wieder die Erinnerung an eine Fernsehserie: „Die Eindringlinge". Die Eindringlinge sind fremdartige Wesen von einem anderen Planeten, die auf die Erde kommen und sie erobern wollen. Im

Verlauf der Handlung versuchen sie, jeden, der ihr Tun durchschaut, zu beherrschen oder zu vernichten.
Tatsächlich gibt es Eindringlinge, die schrecklicher sind, als sich ein Drehbuchautor vorstellen kann. Sie haben nur das eine Ziel: die absolute Herrschaft über die Erde! Sie wollen uns alle betrügen oder beherrschen. Wenn ihnen das nicht gelingt, versuchen sie, uns zu vernichten.

9. Das Reich der Dämonen

Wie erklären Sie sich derartige Dinge? Die psychischen Kräfte meines Vaters, die mediale Veranlagung meiner Mutter, meine eigenen Erfahrungen mit der Welt des Okkulten, die Erlebnisse von Lou und Lana – wie ist das zu erklären?

Es gibt viele Theorien über das Okkulte. Aber für einen Menschen wie mich, der so vieles aus eigener Anschauung kennt, bleibt nur eine Erklärung. Und die fand ich, als ich von David Wilkerson zum ersten Mal eine Bibel bekam und darin zu lesen begann. Ich fing beim ersten Vers der Schöpfungsgeschichte an, und alles, was ich da las, war wie das Anzünden eines Lichtes in einem dunklen Raum. Ich war völlig überrascht, was da alles eine Erklärung fand: der Anfang der Erde, der Anfang des Lebens überhaupt, der Anfang des menschlichen Lebens und der Anfang des Bösen.

Wenn sie vom Teufel sprechen, dann denken viele Menschen gleich an ein gräßliches Wesen, aber sie haben nur zur Hälfte recht. Was mich am stärksten beeindruckte, war, wie anziehend die Schlange wirkte. Adam und Eva wären nie auf die Lügen des Teufels hereingefallen, wenn sie ihn in seiner

ganzen widerlichen Nacktheit erkannt hätten. Aber er hütete sich, ihnen sein wahres Gesicht zu zeigen. So schlüpfte er in die Gestalt einer glitzernden Schlange, die sich damals hoch aufrichten konnte und noch nicht das kriechende Wesen war, das sie erst später wurde, und er sprach zu Eva mit allen Verlockungen der Madison Avenue (einer modernen Geschäftsstraße).
In den USA lebt eine junge Frau, die jahrelang von etwas oder jemandem besessen war, das oder der in sie fuhr, wie sie sagt, als sie mit einem Ouija-Brett experimentierte. Sie selbst sagt, sie sei in dem Augenblick, in dem sie sich dieser fremden Wirklichkeit in sich bewußt geworden sei, so zwischen Neugier und Vorsicht hin und her gerissen worden, sei so fasziniert und gleichzeitig verstört gewesen, wie sie es noch nie an sich erlebt habe. Heute geht sie ihren Weg frei von dem Ungeist, der über sie kam, und hält mit ihrer tiefen, kraftvollen Stimme Vorträge über alle Spielarten des Okkultismus. Die Art und Weise, in der sie in diese Welt hineingezogen worden war, ist dieselbe, in der der Teufel sich Evas bemächtigte. Lesen Sie aufmerksam das dritte Kapitel des ersten Buches Mose und prüfen Sie sich selbst. Sie werden feststellen, daß der Versucher bei seinen Bemühungen, uns in den Griff zu bekommen, heute noch die dort erwähnten Tricks anwendet! Er weiß, wie er uns faszinieren, locken und schließlich in seine Gewalt bringen kann.
Als ich zum ersten Mal dieses Kapitel der Bibel las, sprang mir alles, was dort über den Satan gesagt wird, förmlich aus den Seiten der Heiligen Schrift entgegen. Er war eine starke Macht – etwas, wovor man sich hüten muß! Er nahm die Gestalt eines Geschöpfes an, das jedermann sehen und berühren konnte. Und wenn Gott sprach, dann widersprach er. Meine eigenen Erfahrungen mit dem Teufel waren so real

gewesen, daß ich die Gefahr, auf ihn zu hören, sehr deutlich erkannte. Seine Versuchung von Adam und Eva erinnerte mich nur zu sehr an meine eigenen Begegnungen mit ihm. Gleichzeitig wurde mir als eben zum Glauben gekommenem Christen klar, daß ich ihm und allem, was mit ihm zu tun haben könnte, aus dem Weg gehen müsse.
Menschen, die die Magie verteidigen, halten sie in der Regel für „die alte Religion". Sie argumentieren, die Magie habe es lange vor dem Christentum gegeben, als ob sie das besser mache. Aber in dieser Behauptung steckt – wie in jeder guten Lüge – eine gewisse Wahrheit, und darum glauben die Menschen sie. Dämonen gibt es schon seit eh und je, wie bereits die ersten Seiten der Bibel zeigen.
Heutzutage preisen Fluggesellschaften Reisen an die Stätten des Okkultismus in England und im Fernen Osten an. Bei meiner Arbeit an diesem Buch habe ich eine Okkultismusreise durch die Bibel gemacht. Das ging so vor sich, daß ich die Bibel von vorne bis hinten durchging und an den Stellen verweilte, wo von der Welt der Dämonen die Rede ist. Ich möchte Sie mitnehmen und Sie an dieser Reise teilhaben lassen.

Im sechsten Kapitel des ersten Buches Mose findet sich ein seltsamer Text, der die Sintflut-Geschichte einleitet. Das Verwirrende an dieser Textstelle ist, daß so vieles daran an heute erinnert. Hier der Text in der Luther-Übersetzung:

Als aber die Menschen sich zu mehren begannen auf Erden und ihnen Töchter geboren wurden, da sahen die Gottessöhne, wie schön die Töchter der Menschen waren, und nahmen sich zu Frauen, welche sie wollten. Da sprach der Herr: Mein Geist soll nicht immerdar im Menschen walten, denn auch der Mensch ist Fleisch. Ich will ihm als Lebenszeit geben hundertundzwanzig Jahre. Zu der Zeit und auch später noch, als die Gottessöhne zu den Töchtern der Menschen eingingen und sie ihnen Kinder gebaren, wurden daraus die Riesen auf Erden. Das sind die Helden der Vorzeit, die hochberühmten. (1 Mose 6,1-6)

Sehen Sie sich diesen Text genau an: eine Vermehrung der Menschen wie nie zuvor, Ausbruch des Okkultismus, der dieser Bevölkerungsexplosion gleichkommt, das schlagartige Vordringen des Teufels in alle Bereiche – und eine unsere Vorstellung merkwürdig anmutende sexuelle Verbindung von Menschen und Dämonen. Erwarten Sie nicht von mir, daß ich das alles erkläre. Dieses geschah vor dem ersten großen Gericht über die Erde durch die Sintflut.
Fällt es bei so vielen vergleichbaren Ereignissen in unseren Tagen schwer zu glauben, daß sich hier das Jüngste Gericht über den Planeten Erde ankündigt?
Gehen wir weiter zum zweiten Buch Mose. Dort lesen wir, wie die Ägypter das Volk Gottes, das Volk Israel, zu vernichten trachteten. Und was verbarg sich dahinter? Jesus hat gesagt, der Teufel sei ein Lügner und „Mörder von Anfang an" (Joh 8,44). Sein ganzes Bestreben ist auf Täuschung ausgerichtet und auf Zerstören, *Zerstören,* ZERSTÖREN. Er bediente sich dem Volk Gottes gegenüber der Gewalt, er stachelte die Menschen vor der Sintflut zur Gewalttätigkeit auf, und auch heute scheint die Gewalttätigkeit mehr und mehr anzuwachsen.
(Bedenken Sie doch nur, in welchem Ausmaß heutzutage Verbrechen und Akte der Gewaltanwendung überall in der Welt zu Recht erklärt werden!) Wie Sie wissen, bewahrte Gott den kleinen Mose vor dem Massenmord an israelitischen

Kindern. Er verbarg ihn, bis er ihn als sein Werkzeug gebrauchen konnte, um den Pharao dazu zu bringen, sein, des Herrn, Volk ziehen zu lassen. Da erst holt er ihn aus der Verborgenheit hervor. Und wie Sie sich wahrscheinlich auch entsinnen, gab Gott Mose verschiedene Zeichen, mit denen er den Pharao überwinden sollte. Mit diesen Zeichen zeigte er, wie ernst er es meinte. Als der Pharao ein Wunder forderte, rammte Moses Bruder Aaron seinen Stab in die Erde, und dieser verwandelte sich in eine Schlange.
Nun hatte auch der Pharao sehr tüchtige Magier und Zauberer. Sie schafften mit ihren Stäben dasselbe. Aber Aarons Stab verschlang sie alle!
Wenn der Teufel seine Macht losläßt, setzt auch Gott die seine frei – und die Macht Gottes ist der satanischen immer überlegen, sie ist die größte! Es geschehen heutzutage Dinge, die ich nicht erklären kann, sowenig wie ich alles erklären kann, was mein Vater und meine Mutter unter dem Einfluß dämonischer Mächte getan haben. Aber ich habe die Macht des Teufels und die Macht Gottes erfahren, und für mich steht es außer Zweifel, daß Gottes Macht über alles erhaben ist.
Nachdem Gott die Ägypter gezwungen hatte, die Israeliten ziehen zu lassen, zogen diese durch die Wüste in das verheißene Land. Sie begannen, gegen Mose und gegen Gott zu murren. Sie waren nicht zufrieden mit ihrer Nahrung und wollten zurück zu den Fleischtöpfen Ägyptens. Sie bezweifelten, daß sie den Weg durch die Wüste überleben würden. Klagen, Klagen, Klagen! Wo lag die Wurzel ihrer Unzufriedenheit und ihrer Zweifel?
Das zweiunddreißigste Kapitel des zweiten Buches Mose berichtet vom schlimmsten Abschnitt dieser Geschichte. Als Mose nicht vom Berg Sinai zurückkam, auf den er gestiegen

war, um mit Gott zu reden, forderten die Israeliten Aaron auf, ihnen einen neuen Gott zu machen, der sie führen sollte! Unglaublich – ausgerechnet Aaron, der Bruder Moses, der die ganzen Jahre Seite an Seite mit ihm alle Widerstände ertragen hatte – er stimmte zu! Er sammelte allen goldenen Schmuck und goß daraus ein Standbild des neuen Gottes. Und das Volk huldigte ihm und veranstaltete wilde Orgien. Nur wenig später kritisierten Aaron und seine Schwester Mirjam, die Mose als Säugling das Leben gerettet hatte, ihren Bruder Mose so scharf, daß Gott sie deswegen verurteilte und bestrafte (4 Mose 12,1-14).
Und was war der Grund für dies alles? Das Neue Testament lehrt uns, daß die Götter und Götzenbilder der Heiden Teufel oder Dämonen sind (1 Kor 10,20). Als die Israeliten einem Götzen huldigten, begaben sie sich selber in die Abhängigkeit vom Teufel. Und das Wort *Teufel* bedeutet „Ankläger" und „Verleumder", meint „den Geist, der stets verneint", der *gegen* alles ist. Er verklagt die christlichen Brüder bei Tag und bei Nacht (Offb 12,10). Aber wie konnte der Satan im Volk Israel Fuß fassen, und ausgerechnet bei Aaron und Mirjam, diesen entschlossenen und kampferprobten Mitarbeitern Moses?
Agnes Sanford, eine Missionarstochter, ging einmal als kleines Mädchen in einen buddhistischen Tempel, faltete die Hände und sprach vor der Buddha-Statue ein Gebet, das sie die Mönche hatte murmeln hören. Es schien ohne Wirkung zu bleiben, schreibt sie in ihrem Buch „Rätselhafte Befehle", aber von dieser Zeit an wurde sie sich einer spöttischen, lästerfreudigen inneren Stimme bewußt.
Viele Jahre später betete ein Pfarrer für Agnes Sanford und legte ihr die Hände auf. Von Stund an war die innere Niedergeschlagenheit, die sie bis dahin bedrückt und beunruhigt

hatte, wie weggewischt, und sie ging fröhlich singend nach Hause. Sie glaubt, daß sie sich mit ihrem kindlichen Gebet an Buddha innerlich dämonischen Mächten geöffnet hatte, so wie sich mancher der Besessenheit von Dämonen preisgibt, indem er das Ouija-Spiel oder die Astrologie einmal „ausprobieren" will. Und Gottes ganze Macht ist notwendig, um solche Dämonen wieder auszutreiben.

Die Bibel und die ganze Christenheit bezeugen, daß Gott jedem von uns nahe ist – dasselbe gilt für den Versucher! Der Teufel ist ständig hinter jedem her, von dem er meint, er könne ihn in seine Fänge schlagen.

Gibt es heute Propheten, die jede Art von Zukunftsdeutung vornehmen, von der dann wenigstens ein Teil auch zutrifft? In biblischen Zeiten gab es solche. Einige dieser Propheten versuchten, damals wie heute, das Volk dahingehend zu beeinflussen, daß es falschen Religionen (Göttern) folgte. Gott warnte: „Alles, was ich euch gebiete, das sollt ihr halten und danach tun. Ihr sollt nichts dazutun und nichts davontun. Wenn ein Prophet oder Träumer unter euch aufsteht und dir ein Zeichen oder Wunder ankündigt und das Zeichen oder Wunder trifft ein, von dem er dir gesagt hat, und er spricht: Laß uns andern Göttern folgen, die ihr nicht kennt, und ihnen dienen, so sollst du nicht gehorchen den Worten eines solchen Propheten oder Träumers" (5 Mose 13,1-4a).

Ebenso warnt Gott aber auch vor Propheten, deren Weissagungen nicht eintreten; ihre Botschaft ist falsch, und was sie sagten, ist nicht von Gott (5 Mose 18,21.22). Wenn wir diese Worte Gottes befolgen würden, dann würden viele Amerikaner und Europäer den angeblichen Propheten und Prophetinnen unserer Tage nicht soviel Beachtung schenken.

Eine der interessantesten Gestalten in der Bibel ist König Saul. Zu gewissen Zeiten war dieser fähige Führer von Gottes gutem Geist erfüllt (1 Sam 11,6). Aber es gab auch Zeiten, in denen ihn ein dämonischer Geist beherrschte; dann lehnte er sich gegen Gott auf, raste vor Eifersucht und bekam Anfälle von Mordlust (1 Sam 15,20-23; 16,4; 18,9.10; 19,9). Genauso war es bei Gideon. Als Gottes Geist ihn führte und leitete, wurde er einer der größten Richter in Israel. Dann aber überfiel ihn ein böser Geist und führte ihn in die Sünde (Ri 6,31-40; 8,27).

Gegen Ende seines Lebens ergriff Saul die panische Angst, die Philister könnten mit ihrer Übermacht die Israeliten besiegen und das Land erobern. Wie viele Leute, die in okkulte Dinge verstrickt sind, meinte Saul, er müsse unbedingt vorher wissen, wie die Sache ausgehen werde. Und da er wußte, daß Gott jedem den Tod angedroht hatte, der sich mit Wahrsagerei befaßte, verkleidete er sich und ging nachts zu einer Totenbeschwörerin. Als er seinen Wunsch vorbrachte, den Geist Samuels heraufzubeschwören, schrie sie vor Schreck auf, weil sie ihn da als den König erkannte. (Sie hatte Angst, daß er sie wegen ihrer Zauberei töten lassen werde.)

Es ist hochinteressant, wie die Bibel dies beschreibt (1 Sam 28). In der Luther-Übersetzung heißt es: „Als nun das Weib merkte, daß es um Samuel ging, schrie sie laut und sprach zu Saul: Warum hast du mich betrogen? Du bist Saul." (Vers 12) Es scheint fast so, als ob die Frau eine Betrügerin gewesen sei, die ihren Lebensunterhalt damit verdiente, daß sie andere glauben machte, sie sprächen mit einem Toten – so wie heute viele Leute mit der Gutgläubigkeit anderer ihr Geld machen. Aber dann sah sie Samuel. Sie konnte also nicht im Ernst erwartet haben, daß der Prophet sich zeigen werde, und als sie ihn dann wirklich sah, schrie sie auf und stellte an Saul die entsetzte Frage: „Warum hast du mich betrogen?"

Bibelgelehrte sind sich nicht darüber einig, was sich hier

tatsächlich ereignete. Die eine Möglichkeit ist, daß ein Dämon in der Gestalt Samuels erschien. Es gibt aber auch die andere Möglichkeit, daß Gott hier eingegriffen hat und seinen Botschafter Samuel aus dem Jenseits zurückkehren ließ, um Saul die Wahrheit über seine Zukunft zu verkünden. Saul muß ja gewünscht haben, er hätte die Frage nach den kommenden Geschehnissen nie gestellt, denn Samuel sagte ihm sehr genau voraus, daß sein Heer am kommenden Tag die Schlacht verlieren und er und alle seine Söhne tot sein würden. Wenn Samuel selbst erschien, war das eines jener ganz wenigen Male in der Geschichte, daß jemand aus dem Totenreich zurückkehrte, denn Gott läßt seine Heiligen nicht einfach von Medien oder Magiern aus dem Reich der Seligen herbeirufen.

Sauls Erfahrung erinnert mich immer an meinen Vater und an die Leute, die zu ihm kamen, um bei ihm Rat und Hilfe zu suchen. Mein Vater hatte Gott nicht wirklich gekannt, als er seinen Umgang mit den übernatürlichen Mächten pflegte. Saul dagegen kannte Gott, kannte die Wege des Herrn, kannte seine Liebe und Gnade. Und trotzdem suchte er die Erleuchtung bei einer Frau, die vorgab, „berufsmäßig“ Kontakt mit den Toten zu pflegen. Als ich zum ersten Mal die Geschichte von der Totenbeschwörerin von En-Dor las, konnte ich es einfach nicht fassen – und kann es heute noch nicht –, daß ein Mann, der doch den richtigen Weg kannte, sich an einen Menschen wendet, der im Dienste des Teufels steht! Wie konnte Saul sich von einer Totenbeschwörerin abhängig machen, wo er doch die Wege des Herrn kannte?

Dieser Bibelabschnitt und auch der von der Versuchung Adams und Evas durch die Schlange haben für mich seit dem ersten Lesen nichts an Lebendigkeit verloren. Ihre Wahrheit hat sich tief in mein Herz eingegraben: die Macht des

Teufels, seine Bosheit und die menschliche Torheit, ein wie auch immer geartetes Vertrauen auf den Teufel zu setzen. Saul wollte unbedingt kennenlernen, was Gott uns verweigert: die Zukunft. Wenn jeder von uns alles erführe, was ihm die Zukunft bringt, würde er von den Problemen und Sorgen, die auf ihn zukommen, ja sogar vom eigenen Sterben unnötig gequält. Wir brauchen alle diese Dinge gar nicht zu wissen. Daß Gott uns dieses Wissen vorenthält, gehört zu seiner Gnade. Unsere Zukunft liegt in seinen liebevollen Händen, und wir sollten damit zufrieden sein, sie dort zu wissen und zu lassen. Wenn wir jeden Augenblick so annehmen, wie er kommt, und den Herrn lieben und ihm vertrauen, dann wird es unerheblich sein, was morgen geschieht, denn nichts und niemand kann uns von seiner Liebe und Fürsorge trennen.
Als David König von Israel wurde, begann eine große Epoche – aber beachten Sie auch, wie tief David geistlich sank! (2 Sam 11). Als er von ferne Batseba sah, wie sie sich wusch, wurde er so von dem Begehren nach ihr gepackt, daß er sie, die Verheiratete, zu sich bringen ließ, ihren Mann aber an die vorderste Front im Kampf gegen die Philister stellte, so daß er fallen mußte – Mord und Ehebruch unter dem Einfluß desselben Ungeistes lustvoller Gier.
Berichte vom Geschehen der damaligen Zeit sind ungeheuer spannend. Ab und zu entdecken dies auch Autoren und Filmproduzenten und schreiben einen Bestseller oder lassen einen Erfolgsfilm drehen; ich warte nur darauf, daß auch das Fernsehen einige der packenden Stoffe des Alten Testaments entdeckt und uns mit neuen aufregenden Fernsehfilmen beglückt! Der hier geschilderte Konflikt ist echt – nicht zwischen den Völkern und Nationen, sondern in den Herzen einzelner Menschen wie David. Schauen Sie doch nur, was

er, der in so vieler Hinsicht ein Mann so recht nach dem Herzen Gottes ist, für ein jämmerlicher Familienvater war. Seine Kinder konnten sich scheinbar alles erlauben.
Davids Sohn Amnon, besessen von Widerspruch und Lust, vergewaltigte und entehrte seine Stiefschwester Tamar. Daraufhin nahm Absalom, Tamars Bruder, die Rache selbst in die Hand. Aber dadurch wurde er selbst zum Aufrührer und tötete nicht nur Amnon, sondern versuchte sogar, seinem Vater das Königtum zu entreißen. Damit begann die Unruhe und Auflösung aller Ordnung, die das Reich in zwei Teile aufspaltete und schließlich mit dem Niedergang und Fall beider Teile endete (2 Sam von Kap. 13 an).
Wir sind die beiden Bücher Samuel durchgegangen. Wenn Sie in den Büchern der Könige weiterlesen, finden Sie die Geschichte vom wachsenden Unglauben und der zunehmenden Verderbtheit in den zwei Königreichen. Einer der Höhepunkte dieses Dramas ist der Augenblick, in dem sich das ruchlose Königspaar Ahab und Isebel dem Teufel so absolut hingaben, daß sie sich im Zeichen des Heidengottes Baal gegen die Israeliten wandten, die an den Herrn glaubten. Die Baalspriester im Volk nahmen zu, bis es Hunderte von ihnen gab.
Aber die Bibel zeigt (1 Kön 16-19): Als der Teufel seine größte Machtentfaltung erreicht hatte, machte Gott seine Macht auf höchst ungewöhnliche Weise sichtbar. Elia floh in die Wildnis, wo ihn Raben mit Nahrung versorgten. Er forderte die vierhundertfünfzig Baals-Propheten zu einem geistlichen Zweikampf heraus, und sie unterlagen darin Gottes Machterweis. Sie konnten mit ihren Baalsanrufungen den trockenen Opferaltar nicht zum Brennen bringen, so sehr sie auch darum herumtanzten und schrien und sich mit Messern ritzten, daß das Blut floß. Baal schwieg. Dann betete Elia

zu dem Herrn und entzündete das tropfnasse Opfer auf seinem Altar!
Mit derartigen Zeichen demonstrierten Elia und sein Nachfolger Elisa, was wir heute übersinnliche Kräfte nennen. Der Sohn des Königs Ahab erfuhr, daß Elisa alles von ihm wußte, sogar was er in seinem Schlafgemach sprach (2 Kön 6,12). Als die Streitkräfte des Königs Elisa umzingelt hatten, beschützten ihn die Engel und Wagen der unsichtbaren Heerscharen Gottes (2 Kön 6,15-17). Elisa wußte, was kommen sollte (2 Kön 7,1). Als die Gewalt des Teufels ihren Höhepunkt erreicht hatte, erwies Gott seine Macht am eindrucksvollsten. Er tat es damals, als er Jesus, seinen Sohn, in die Welt sandte, und er wird es wieder tun am Ende der Zeit, wenn sich alles seiner Herrschaft unterordnen wird.
Wenn Sie mit der Bibel vertraut sind, werden Sie meinen, die Geschichte zu kennen, die ich eben berichtet habe. Aber wissen Sie, was sich hinter dem Niedergang und Sturz des Gottesvolkes verbirgt? An einer Stelle wird es ganz deutlich. Im ersten Buch der Könige hören wir im zweiundzwanzigsten Kapitel von einem Mann mit Namen Micha, der am eigenen Leib erfuhr, was es bedeutet, unbequeme Dinge zu predigen. Er sagte immer, was ihm der Herr in den Mund legte. Als er sich weigerte, seine Verkündigungen auf nationale Reden umzustellen, wie sie der König wünschte, wurde er in den Kerker geworfen. Alle anderen Propheten redeten dem König nach dem Mund. Aber wer hatte recht: Micha oder die Mehrheit? Die Bibel sagt: Micha. Und wie erklären Sie sich dann die Übereinstimmung all der anderen Propheten? Die Bibel bemerkt hierzu, daß ein Geist der Lüge aus ihnen sprach (1 Kön 22,23).
Sie sehen, daß die Bibel uns ab und zu hinter die Kulissen schauen läßt. Die Geschichte des Volkes Israel ist nicht nur

die Geschichte von Männern und Frauen, von Kriegen, Niederlagen und Siegen. Sie ist in Wahrheit der unsichtbare Kampf Gottes und seiner Engel gegen den Teufel und seine Dämonen. Auf der einen Seite steht der Herr mit allen himmlischen Heerscharen; auf der anderen stehen die Dämonen, die ihr möglichstes tun, die Herzen und Sinne der Menschen in ihren Bann zu schlagen, damit sie sich gegen Gott stellen. Gelegentlich hebt sich der Vorhang, und wir sehen den tatsächlichen Konflikt. Besonders heute wird deutlich, worum es geht. Gottes Macht weht über die Erde! Und gleichzeitig erweist sich die Macht des Bösen auf vielerlei Art. Setzen wir unseren Gang durch die Bibel fort.

10. Jesus und die Welt des Unsichtbaren

Immer, wenn ich predige oder Evangelisationsansprachen halte, weiß ich, daß Jesus bei mir ist. Er steht mir zur Seite, voll heißem Verlangen, daß die, die ihn nicht kennen, sich ihm zuwenden und seine Liebe finden. Er gibt mir Worte, jedem neuen Hörer davon zu erzählen, was er in meinem Leben bewirkt hat und was er auch für jeden andern zu tun bereit ist. Wenn ich dann meine Ansprache beende und Frauen, Männer und Jugendliche nach vorne kommen, um eine neue Beziehung zu Gott einzugehen, spüre ich, wie sein Geist sie einlädt, sich in seine liebenden Arme schließen zu lassen. Aber ich weiß auch, daß der Teufel sich alle Mühe gegeben hat, eine ganze Reihe von Menschen vom Besuch der Veranstaltung abzuhalten. Wenn es irgendeinen Mißklang gibt, spüre ich seinen Zugriff, mit dem er Unruhe schaffen und Menschen davon abhalten will, Gottes frohe Botschaft zu hören. Ich fühle sein Bemühen, einen Schleier über die Herzen meiner Hörer zu breiten, damit sie nicht erfassen, was Gott ihnen zu sagen hat. Ich merke, wie er versucht, ihre Gedanken zu verwirren und sie von einer klaren Entscheidung für Christus abzuhalten. Ich weiß, daß der Kampf zwischen Jesus und dem Teufel noch immer andauert und erst am Ende der Tage aufhören wird und daß Gott und Jesus als die absoluten Sieger daraus hervorgehen werden.

Diesen Kampf zwischen den zwei unsichtbaren Lagern können wir durch alle vier Evangelien verfolgen. Ein Engel erschien Maria, um ihr die Geburt Jesu anzukündigen (Lk 1,26-38). Und auch Josef erschien ein Engel, der ihm die Jungfräulichkeit der schwangeren Maria bestätigte (Mt 1,18-24). Als Jesus erwachsen war und versucht wurde, kamen Engel, um ihm beizustehen (Mt 4,11). Als er im Garten Gethsemane im Gebet rang, stärkte ihn ein Engel (Lk 22,43). Bei seiner Gefangennahme hätte er ein ganzes Heer von Engeln zu Hilfe rufen können (Mt 26,53). Und Engel rollten den Stein vom Eingang seines Grabes weg (Mt 28,2).

Wenn Sie einen x-beliebigen Menschen fragen, was Jesus getan hat, wird er gewöhnlich antworten: „Er hat ein großartiges Beispiel gegeben." Vielleicht fügt er hinzu: „Er hat die Menschen Gottes Wort gelehrt." Und vielleicht sagt er sogar noch: „Er hat Kranke gesund gemacht." Was viele Menschen aber nicht wissen, ist, daß Jesus viel Zeit darauf verwendet hat, Dämonen auszutreiben.

Der erste ernsthafte Widerstand, auf den Jesus stieß, kam, wie Markus berichtet, von einem Mann, der von einem bösen Geist besessen war (Mk 1,23). Schon in der ersten Zeit seines Wirkens hat Jesus viele Dämonen ausgetrieben (Mk 1,34; 3,11). Und das tat er weiterhin bis ans Ende seines irdischen Lebens.

Kein Wunder, daß der oberste aller Dämonen, der Teufel, von Anfang an versuchte, ihn zu vernichten; zuerst durch das Schwert des Herodes (Mt 2,16), dann durch direkte Versuchungen (Mt 4,1-11). Als er Jesus versucht und ihn aufge-

stachelt hatte, sich gegen Gott, seinen Vater, zu stellen und zu sündigen, was für ein Sieg wäre das für den Bösen gewesen, hätte er sein Ziel erreicht! Aber Jesus bestand jede Probe. Durch das ganze Leben Jesu hindurch ziehen sich die Angriffe des Teufels, ausgeführt von den religiösen Führern der Juden, die ihn haßten, ihm die Worte im Munde herumdrehten und ihn töten wollten; dazu benutzten sie die alten Waffen des Teufels: *Täuschung und Zerstörung*. Als das nichts half, versuchte der Teufel Jesus dadurch zu Fall zu bringen, daß er seine Jünger beeinflußte. Nur eine Minute nach seinem großen Bekenntnis: „Du bist Christus, des lebendigen Gottes Sohn!" bemühte sich Petrus so sehr, Jesus vom Weg zum Kreuz abzuhalten, daß dieser ihn „Satan" nannte (Mt 16,16-23). Jesus hatte erkannt, daß sein Blut die Welt von der Sünde reinwaschen werde, und er wußte, daß jede Einflüsterung, die ihn am Kreuz vorbeiführen wollte, vom Teufel stammen mußte.
Jesus war sich darüber im klaren, daß der Fürst dieser Welt durch seinen Kreuzestod entmachtet und vertrieben würde (Joh 12,31). Aber der Teufel erkannte das nicht. Seine großen Stärken sind die Lüge und das Morden. So gab der Teufel dem Judas den Gedanken ein, Jesus zu verraten (Joh 13,2). Und als Judas den endgültigen Entschluß faßte, den Verrat auszuführen – beim letzten Abendmahl, als er das Brot aus der Hand Jesu empfing –, da fuhr der Teufel in ihn (Joh 13,27). Es mag manche Dämonenbesessenheit unter den Jüngern gegeben haben; bei Judas war es ganz entschieden der Teufel selbst, der in ihn fuhr.
Gehen wir weiter zur Apostelgeschichte, so sehen wir dort die Fortführung dieser Auseinandersetzung. Der wahrscheinlich berühmteste Lügner der Bibel ist Hananias, der den Aposteln gegenüber behauptete, er bringe das ganze Geld,

das er für einen Acker bekommen habe, obwohl er heimlich einen Teil davon für sich selbst zurückbehalten hatte. Petrus erkannte sofort, was hier los war: „... warum hat der Satan dein Herz erfüllt?“ (Apg 5,3). Ein Gemeindeglied, das große Summen spendet, ist deshalb noch nicht gegen die Anfechtungen des Teufels gefeit. Wenn der Teufel auf Gemeindeglieder losgeht, hat er es damit auf den Herrn abgesehen.

Im achten Kapitel der Apostelgeschichte stoßen wir auf einen der frühen Meister okkulter Praktiken. Simon aus Samarien bediente sich einer Art von Zauberei, um das Volk zu behexen; er muß sie glauben gemacht haben, seine Magie habe ihm übernatürliche Kräfte verliehen, denn die Leute nannten ihn „die große Kraft Gottes“ (Vers 10). Als Philippus kam, um ihnen das Evangelium zu predigen, fanden viele zum Glauben, unter ihnen auch Simon. Aber als er den Heiligen Geist auf die Bekehrten kommen sah, war er davon so fasziniert, daß er die Apostel mit Geld bestechen wollte, ihm auch die Gabe der Geistausteilung zu verleihen. Da brandmarkte Petrus Simons Gottlosigkeit und Machtgier; denn dieser wollte die heilige Gabe nur, um Macht über andere auszuüben. Und Simon erkannte, daß es Sünde ist, eine Gabe von Gott kaufen zu wollen, ging in sich, bereute und bat Petrus, für ihn zu beten.

Offensichtlich hatte Simon gemeint, mit Geld alles kaufen zu können. Er war so tief in okkulte Praktiken verstrickt, daß es bei ihm geraumer Zeit bedurfte, sich innerlich ganz davon zu lösen und sich den Unterschied zwischen magischen Kräften und der Allmacht Gottes in seiner ganzen Tiefe klarzumachen. Im ersten Augenblick hatte das Evangelium ihn überwältigt. Dann aber fiel er in seine okkulte Denkweise zurück und wollte *kaufen*, was man nur *als Geschenk annehmen* kann. Das ist der Kernpunkt des Okkultis-

mus: Der Mensch versucht, übernatürliche Kräfte und Hilfe zu bekommen, indem er etwas *tut*. Die einzige Hilfe, die man auf diesem Weg erringen kann, ist aber die des Teufels. Glücklicherweise hat Simon dies begriffen und auch die Gefahr erkannt, die darin liegt, daß er meinte, über Gottes Geist verfügen zu können. Gottes Geist muß uns regieren!
Paulus, Barnabas und Johannes begegneten auf der Insel Zypern einem anderen Zauberer. Elymas mag sehr wohl seinen Lebensunterhalt mit dem Verkauf des Übernatürlichen verdient haben. Als Paulus und seine Gehilfen dem Landvogt das Evangelium predigten, erkannte Elymas die Gefahr, die dadurch seinem Lebensstil und seiner Einnahmequelle drohte, und er hetzte gegen die Christen. Paulus aber, voll des Heiligen Geistes, sagte zu Elymas: „Du Sohn des Teufels, ... du sollst blind sein und die Sonne eine Zeitlang nicht sehen!" (Apg 13,10.11). Im selben Augenblick verlor der Zauberer seine Sehkraft, und der Statthalter, verwundert und erschrocken, fand zum Glauben an den Herrn.
In Griechenland stießen Paulus und seine Gefährten auf eine Sklavin, die wahrsagen konnte. Als sie die Christen sah, wußte sie sofort, wer sie waren: „Diese Menschen sind Knechte des allerhöchsten Gottes, die euch den Weg des Heils verkündigen" (Apg 16,17). Was sie sagte, stimmte – aber ihr war es durch okkulte Kräfte eingegeben worden und stand somit im Widerspruch zum Zeugnis der Christen. Deshalb befahl Paulus dem Dämon im Namen Jesu, aus der jungen Frau auszufahren; und er gehorchte und verließ sie.
In der Stadt Ephesus gab Paulus Zeugnis von Jesus Christus, heilte Kranke und trieb böse Geister aus. Dort lebten sieben Brüder, die als Zauberer auftraten. Als sie sahen, was Paulus tat, versuchten sie, den Dämon eines Besessenen auszutreiben, indem sie den Namen Jesu gebrauchten. Aber der Dä-

mon antwortete und sprach zu ihnen: „Jesus kenne ich wohl, und von Paulus weiß ich wohl; wer aber seid ihr?“ (Apg 19,15). Dann stürzte sich der Besessene auf die sieben Brüder, riß ihnen die Kleider vom Leib und schlug so heftig auf sie ein, daß sie laufen mußten, um sich vor ihm in Sicherheit zu bringen. Es ist ebenso sündhaft wie gefährlich, den Namen Gottes oder Jesu Christi zu gebrauchen, wenn man sich nicht selbst ganz in seinen Dienst gestellt, sich ihm ganz überantwortet hat.

In Ephesus gab es damals eine ganze Anzahl von Okkultisten. Ein großer Teil von ihnen wurde durch die Verkündigung des Paulus für Christus gewonnen. Sie bekannten, daß sie in Dinge verstrickt waren, mit denen sich niemand abgeben sollte. Dann verbrannten sie ihre teuren Zauberbücher – Schriften, die nach heutiger Währung Tausende von Mark wert waren!

Heute, wo sich so viele Menschen in den unendlich vielen Spielarten des Okkultismus versuchen, sollte es für einen Christen selbstverständlich sein, sich von jeglicher Art der Astrologie, Geisterbeschwörung, Zauberei oder einem der anderen Wege fernzuhalten, die uns doch nur der Teufel weist. Eine Studentin, die zu den Jesus-People gehört, gab ihrem Vater den Rat, sämtliche okkulten Bücher, in denen er eifrig las, ohne Ausnahme zu verbrennen. Und sie hat recht. Zwischen Christus und dem Teufel kann es niemals etwas Gemeinsames geben. Christus ist das Leben, der Teufel ist der Zerstörer und Mörder. Christus ist die Wahrheit, der Teufel ist der Lügner und Verwirrer. Gott ist die Liebe, der Teufel ist die Verkörperung des Hasses.

Eine der beunruhigendsten Bewegungen des zwanzigsten Jahrhunderts ist die „Kirche des Endgerichts“. Ihre Mitglieder (die in einer Reihe amerikanischer Großstädte und an

vielen Universitäten emsig wirken, um junge Leute zur Mitarbeit in ihren Reihen zu bewegen) verbreiten eine schreckliche Lehre: Christus und der Satan seien beide Teile Gottes. Auch seien sie beide Teile des menschlichen Wesens. „Gott ist alle Dinge“, und: „Die Liebe ist die allumfassende, alles umarmende, alles vergebende Annahme und Einigung“, und: „Durch die Liebe haben Christus und der Satan ihre Feindschaft überwunden und zusammengefunden.“ Diese Lehrsätze aus den Schriften der „Kirche des Endgerichts“ zeigen, wie unüberbrückbar diese Organisation von der Kirche Christi getrennt ist.
Ein Flugblatt, das die „Kirche des Endgerichts“ kürzlich verteilte, enthielt auf derselben Seite Gebete zu Jesus, Luzifer und Satan. Das Gebet zu Satan endete: „Lehre mich furchtlos zu erkennen, daß du der Große Herr bist!“
Möge Gott der Herr alle Leser dieses Buches davor bewahren, den Verwirrer und Zerstörer der Seelen auf *die* Weise anzuerkennen!

11. Fragen, die mir immer wieder gestellt werden

Eines Abends bat mich ein Hochschuldozent für Psychologie, mit ein paar Studenten über Fragen des Okkultismus zu sprechen. Nachdem ich von einigen Erfahrungen berichtet hatte, die auch in diesem Buch erwähnt sind, prasselten die Fragen nur so auf mich herunter. Viele davon sind mir auf meinen Vortragsreisen in allen Landesteilen wieder und wieder gestellt worden.
Ein zierliches junges Mädchen, das seine roten Haare in Zöpfen trug, fragte mich: „Aber wie erklären Sie sich derartige Dinge? Sie glauben doch nicht an Dämonen, oder?"
Diese Frage gab mir die Möglichkeit, über die unsichtbare Welt zu sprechen, deren Existenz so viele Menschen bestreiten, weil sie sie nicht sehen können. Hier einige Punkte, die ich in diesem Zusammenhang darlegte:

Manche Zeitgenossen sagen, es sei ihnen zu naiv, an Gott und die Bibel zu glauben. Tatsächlich ist es aber genau umgekehrt. Jeder, der meint, die sichtbare Welt sei schon alles, läßt die wichtigsten Dinge außer acht. Niemand kann Liebe, Wahrheit, Verantwortungsbewußtsein, Vaterlandsliebe, Charakter und Geist sehen. Und, um ein Beispiel zu nennen, es kann auch niemand die Elektrizität sehen! Aber ihre Kraft kann man spüren, und wenn man will, kann man auch die Kraft Gottes spüren.

Es ist also unvernünftig, nur das glauben zu wollen, was man sehen kann. Es gibt in der Welt viel mehr, als mit Geräten meßbar ist. Die Bibel sagt, daß es sowohl eine stoffliche Welt gibt, die man mit den Augen sehen oder mit seinen fünf Sinnen wahrnehmen kann, als auch eine geistliche Welt, die man mit dem Herzen wahrnehmen kann. Diese Welt kenne ich, weil Gott sich zu mir herabgebeugt und mich aufgerichtet hat, als ich hoffnungslos am Ende war, und mich seine Liebe spüren und wissen ließ.

Die bedeutendste Größe in dieser geistlichen Welt ist Gott. Aus nichts kann nichts werden. Wie könnte da die Welt sein, wenn Gott sie nicht gemacht hätte? Die Bibel sagt, daß Gott am Anfang Himmel und Erde schuf – und dies erklärt das Universum! Gott ist Geist, und wie ein wunderbarer Vater liebt er uns und wünscht, daß wir die denkbar besten Wesen wären, die ihn und uns untereinander lieben. Viele Menschen sind der Ansicht, daß Liebe und soziales Engagement wichtig sind; aber es ist Gott, der uns dieses Wollen eingibt und uns zeigt, wie wir in einer Welt des Hasses lieben können.

Am eindrücklichsten hat Gott uns dies gezeigt, indem er seinen Sohn als Mensch auf dieser Erde hat leben lassen, wo er gelitten hat, mißhandelt wurde und sterben mußte. Jesus zeigt uns, daß es sehr wohl möglich ist, Menschen zu lieben, die fehlerhaft und schwach oder bösartig sind, ja sogar seine Feinde zu lieben. Und er befähigt uns, dies zu tun, denn er starb für unsere Sünden und gab sein Leben in

uns, so daß wir neu geboren werden, um ihm ähnlich zu werden.
Daß Jesus mit seinem Leben das unsere erfüllen will, besiegelt er mit dem Geschenk des Heiligen Geistes. Der Geist Gottes in uns macht es zu einer Freude, ja einem Vergnügen zu tun, was Gott will, zu lieben, was er liebt, und Christus anderen Menschen gegenüber zu bekennen. So werden wir geistlich gestärkt und ermutigt vom Heiligen Geist, der mit dem Saft verglichen werden kann, der Leben und Wachstum in die Äste und Zweige eines Baumes oder Weinstocks bringt. Wie die Bibel zeigt, sind wir alle in erster Linie Geist und erst in zweiter Linie Körper. Und Gott hat ganze Armeen von Dienern und Helfern, die normalerweise Engel und Geister genannt werden. Aber die Bibel macht auch deutlich, daß es eine teuflische Seite der geistlichen Welt gibt. Die teuflische Welt besteht aus den Dämonen, deren Führer der Satan selbst ist. Den Satan nennen wir im allgemeinen den Teufel und seine Mitstreiter Dämonen. Die Wechselwirkung zwischen den Menschen und Gott mit seinen Boten einerseits, dem Teufel und seinen dämonischen Kräften andererseits ist die beste Erklärung dafür, was sich auf so vielen Lebenswegen ereignet.

An diesem Punkt des Gesprächs fragte ein sehr schmächtiger junger Mann mit buschigem Backenbart und einer Wildlederjacke: „Aber woher kommen der Satan und die Dämonen?"

Es gibt vieles, was wir nicht wissen, aber am Anfang schuf Gott alles, was existiert. Auch alle Dämonen müssen einst Engel gewesen sein, denn alles, was Gott schafft, ist gut. Nach wie vor gibt Gott den Menschen die Entscheidungsfreiheit und den freien Willen. Dasselbe muß er auch den Geistern zugestanden haben, die wir Engel und Dämonen nennen. Anscheinend kam es eines Tages dahin, daß Luzifer sein wollte wie Gott, ja ihn stürzen und seine Stelle einnehmen wollte. Bei diesem Putschversuch unterstützten ihn viele Engel, aber sie hatten natürlich keinen Erfolg, so daß sie alle aus dem Himmel verstoßen wurden. So gibt es jetzt zwei geistliche Reiche – das Reich der Finsternis und das Reich Gottes. Das Reich der Finsternis und des Teufels übt heutzutage auf viele Menschen eine große Anziehungskraft aus. Für uns ist allein entscheidend zu wissen, daß wir zum Reich des Lichts und der Gerechtigkeit, der Güte und Liebe gehören – und das ist das Reich Gottes und Christi.

Ein stämmiger junger Mann mit dicken Brillengläsern meinte da: „Aber glauben Sie wirklich, daß Dämonen Menschen angreifen können?"

Ja, das glaube ich, denn ich habe es erlebt. Einstmals wurden der Teufel und seine Helfer aus dem Himmel ausgestoßen. Und sie versuchten und versuchen bis heute, sich an Gott zu rächen, indem sie die Erde, die er geschaffen hat, und die Menschen, die sie beherrschen sollen, in ihre Gewalt bringen. Der Satan und seine Dämonen wollen Gestalt annehmen. So fuhr der Teufel in den Leib einer Schlange, um Adam und Eva zu versuchen. Wenn sie können, fahren die Dämonen in menschliche Körper. Ich habe gesehen, wie Menschen von ihnen besessen waren, und ich kenne ihre Ausfälle. Sie haben eigentlich auf dieser Erde nichts zu suchen. Sie sind Außenseiter, gehören nicht hierher und tun ihr möglichstes, um uns in ihre Abhängigkeit zu bringen und uns mit sich in die Hölle, in die Verdammnis der Ausgestoßenheit, zu ziehen. Diese unsichtbaren Geister wollen unter keinen Umständen

entlarvt werden. Die meiste Zeit verstehen sie es hervorragend, vor jedermann ihre Anwesenheit zu verbergen. Aber als Jesus kam, wurde der Vorhang zurückgezogen, und in seinem hellen Licht wurden sie sichtbar in ihrem Bemühen, die Menschen gegen ihn aufzubringen – hier in einem bösen Herzen, dort in einem verwirrten Gemüt verborgen. Die Dämonen kannten Jesus und zitterten vor seiner Macht.
Heute, wo die Wiederkehr des Herrn näherrückt, scheinen sich die Dämonen erneut zu manifestieren. Sie schrecken vor keinem Versuch zurück, möglichst jeden Menschen in ihre Gewalt zu bekommen. Das steckt hinter der neuen Okkultismus-Welle, deren ungeheure Ausbreitung wir derzeit beobachten können.
Die Dämonen blenden und faszinieren uns, aber sie sind sehr darum bemüht zu verbergen, was sie wirklich im Schilde führen. Deshalb bedienen sie sich aller nur denkbaren Schliche und Tricks.

Um dies anschaulich zu machen, erzählte ich den jungen Leuten eine Geschichte, die ich kurz zuvor von einem Freund aus New Jersey gehört hatte. Die Tochter meines Freundes war gerade für ein Semester in Jamaika gewesen und lernte dort den jungen einheimischen Tim kennen.

Von seiner frühesten Kindheit an wurde Tim der obeah (Zauberei) ausgesetzt, die auf den karibischen Inseln sehr verbreitet ist. Eines Abends fand er auf der Plantage seines Vaters unter einem Bananenbaum eine blaue Flasche. Er wußte, daß sie dort hingelegt worden war, um die Pflanzung seines Vaters zu verhexen und seine Ernte zu vernichten. Deshalb warf er die Flasche über die Hecke, die das Grundstück umschloß. Als er nach Hause rannte, sah er rings um sich aus der

Dämmerung rote Augen, die auf ihn gerichtet waren und ihn anstarrten.

Als Tim sechs Jahre alt war, spürte er eines Nachts, daß noch jemand im Zimmer war, in dem er in einem altmodischen Bett schlief. Zuerst meinte er, seine Mutter sei hereingekommen. Dann bemerkte er ein Licht im Zimmer und eine Person, die an seinem Bett stand. Es kam ihm so vor, als ob sie ihn anlächeln würde. Schließlich wurde das Licht immer schwächer, und die Person schien wegzugehen.

„Mutter“, rief Tim durch die Diele, „warst du bei mir im Zimmer?“

Tims Mutter kam rasch zur Tür. „Nein, mein Junge“, sagte sie. „Wieso fragst du?“

„Oh, ich meinte, es sei jemand hier gewesen“, sagte der Kleine. „Mir schien es so, als sei jemand hereingekommen und habe nach mir geschaut.“

„Es muß ein Engel gewesen sein“, sagte da Tims Mutter.

Als Tim acht Jahre alt war, bekam er erneut Besuch. Dieses Mal – und später noch öfters – schienen mehrere Personen auf einmal zu ihm zu kommen. Jedes Mal hatte der Junge das Gefühl, unter Freunden zu sein.

Tim war ein einsamer Junge. Als jüngster von drei Brüdern wollte er gern mit den Größeren spielen, aber mit der Grausamkeit, die Kinder oft rücksichtslos ausüben, schlossen sie den Kleinen fast immer von ihren Unternehmungen aus. Wer will schon immer auf den Kleinen achtgeben?

Folglich spielte Tim oft allein. Er hockte zunehmend häufiger vor dem Spiegel. Dabei stellte er sich vor, das Gegenüber, das er sah, sei eine andere Person, und er unterhielt sich mit seinem anderen Ich. Manchmal nahm dabei das andere Ich unversehens eine merkwürdig starke Wirklichkeit an.

Als Tim dann begann, mit einem Ouija-Brett zu spielen,

fingen die „Freunde“ und das eingebildete andere Ich an, ihm befremdliche „Botschaften“ mitzuteilen. Tim stand auf einmal mit Wesen in Verbindung, die ihn in erregende Experimente hineinlockten.
Er fand heraus, daß er unsichtbare, aber offenbar mächtige Geister herbeirufen konnte, die ihm geradezu unheimliche Vorhersagen machten und ihn vor Gefahren zu bewahren schienen.
Vier seiner Schulkameraden wollten Tim einmal zu einer Fahrt an die Montego-Bucht mitnehmen. Als sie im Auto bei ihm ankamen, um ihn abzuholen, waren sie überrascht über seine plötzliche Weigerung mitzukommen. „Mir ist gar nicht wohl“, war seine einzige Erklärung. Als sie ärgerlich ohne ihn wegfuhren, dachte er bei sich: *Wie kann ich ihnen das erklären? Würden sie mir glauben, wenn ich ihnen sagen würde, daß meine Geister-Freunde mich gewarnt haben mitzufahren?*
Am nächsten Tag war Tim keineswegs so überrascht wie seine Eltern, als sie hörten, daß alle vier Kameraden im Krankenhaus lagen. Kurz vor der Bucht war ihnen in einer Kurve ein Lastwagen auf ihrer Fahrbahn entgegengekommen, hatte ihren Wagen seitlich erfaßt und gegen eine Mauer geschleudert.
Im Laufe der Zeit geriet Tim zunehmend tiefer in okkulte Praktiken hinein. Eines Tages beschwor er einen Geist, der unter dem Namen Mephisto zu ihm gekommen war. Mit dem Versprechen, ihm ungewöhnliche Kräfte zu verleihen, redete Mephisto Tim ein, er müsse sich noch mehreren Übungen unterziehen, die ihn dann immer stärker in die Welt der Dämonen hineinführten. Bald vertiefte er sich auch in die Astrologie und war ganz gebannt von den „Beweisen“, denen zufolge sein Leben durch die Stellung von Sternbildern bei

seiner Geburt geprägt zu sein schien. Auf einer Universität in Florida belegte er außer seinen Studienfächern ein Seminar in astrologischer Psychologie und studierte außerdem den Buddhismus. Buddhas Lehre, die Vereinigung mit dem Göttlichen auf dem Wege strenger Meditation zu suchen, übte eine starke Anziehungskraft auf ihn aus. Besonders beeindruckt war er von der Tatsache, daß Buddha seine Lehre Hunderte von Jahren vor Jesu Geburt verkündet hatte.
Das alles rundete sich zu einem klaren, verlockenden Gedankengebäude ab: Führung, Schutz vor Gefahr, Einssein mit dem Unendlichen.
Da begegnete ihm Nancy, die Tochter meines Freundes, als sie ihr Winter-Semester in Jamaika studierte. Nancy hörte sich alles aufmerksam an, was Tim ihr von seinen okkulten Erlebnissen begeistert berichtete. Dann aber erklärte sie ihm, was Jesus für sie getan hatte. Sie kenne sich auch ein wenig mit Geistern und Dämonen aus, sagte sie. Sie habe selbst oft mit Niedergeschlagenheit und Verzweiflung zu kämpfen und habe einmal sogar einem Dämon im Namen Jesu befehlen können, einen Menschen zu verlassen.
„Aber dies sind keine Dämonen“, protestierte Tim heftig. „Durch den Buddhismus bin ich Gott ganz nahe.“
„Jesus ist der Weg zu Gott“, antwortete Nancy. „Es gibt keinen anderen Weg, denn er hat ja gesagt: ‚Ich bin der Weg und die Wahrheit und das Leben; niemand kommt zum Vater denn durch mich.‘“ (Joh 14,6)
Tim kochte, als Nancy von Christus sprach. Er spürte, daß sie die ganze schöne Traumwelt zerschlug, die er sich aufgebaut hatte. Vor allem der Name Jesus machte ihn wütend. Aber irgend etwas an diesem Mädchen brachte ihn dazu, das Gespräch mit ihr fortzusetzen. Als sie ihm ruhig und freundlich erklärte, daß sie einfach Gott in ihren Worten sprechen

lasse, wußte er in seinem Innern, daß sie die Wahrheit sagte. Ihre Worte gingen mit großer Überzeugungskraft in sein Denken ein.
Noch in derselben Nacht begannen die Geister ihn zu quälen. Manchmal glaubte er so deutlich Hunde bellen zu hören, daß er ihre Gegenwart förmlich spürte. Er erzählte Nancy: „Ich habe den Geistern befohlen wegzugehen und nicht mehr wiederzukommen."
„Sie werden wiederkommen", sagte Nancy. Und sie kamen wieder.
Wenige Nächte darauf wachte Nancy in ihrem Schlafzimmer gegen drei Uhr früh auf. Merkwürdige Geräusche erfüllten den Raum, Geräusche, die sie früher nie gehört hatte, denn normalerweise war es hier nachts sehr ruhig. Nancy merkte, daß irgend etwas Tückisches ganz nahe bei ihr war. Mehrere Nächte hindurch erlebte sie angstvolle Augenblicke, als sich dasselbe Ereignis mehrmals wiederholte.
Eines Abends, als Nancy sich mit Tim unterhielt und sie ihre früheren Gespräche über Okkultismus und Glaube fortsetzten, merkte sie auf einmal, daß etwas mit ihnen im Raum war. Plötzlich schlug die Tür des Apartments heftig zu. Tim schien nervös zu sein, versuchte aber, es nicht merken zu lassen. Unruhig wechselte er ständig das Gesprächsthema. Er wußte, daß ein Dämon im Zimmer war, hoffte aber, daß Nancy es nicht merken würde.
Nancy bemerkte die Gegenwart des Dämons sehr wohl, spürte diesmal jedoch keine Angst. Obwohl ihr hundeelend zumute war, erflehte sie Gottes Hilfe und merkte, wie ihr daraus Kraft zum Widerstehen zufloß. Zu jedem Argument Tims gegen Christi Anspruch auf sein Leben fand sie eine Antwort. Die dunkle, bedrückende, dämonische Kraft um sie herum schien zuzunehmen. Ein Vorhang vor dem Fenster blähte

sich, obwohl es geschlossen war. Kurz darauf sprang der Deckel von Tims Plattenspieler auf.
„Hier ist ein Geist im Zimmer“, sagte Tim.
„Ich weiß“, antwortete Nancy.
„Bete für uns“, bat Tim.
Nancy begann ein schlichtes Gebet. Sie forderte den Dämon im Namen Jesu auf, sie zu verlassen – und spürte, wie er ging. Kurz darauf kniete sich Tim auf den Boden und schwor den okkulten Mächten ab, mit denen er sich so lange abgegeben hatte. Später sagte er dazu: „Der Geist Gottes hat mir das befohlen.“
Als er sein Leben ganz in die Hand Christi gelegt hatte, war Tim zunächst völlig erschöpft. Aber diese Nacht verbrachte er in einem wundervollen und beglückenden Frieden.
Am nächsten Morgen sprach er wieder mit Nancy. Sie erinnerte ihn an das Gleichnis Jesu von dem Dämon, der einen Menschen nur verlassen hatte, um kurz darauf mit sieben anderen die leere Stätte erneut zu besetzen. „Der einzige Weg, um davor bewahrt zu bleiben, ist, sich von Gottes Heiligem Geist erfüllen zu lassen.“
An diesem Morgen kniete sich Tim wieder nieder und bat Gott, sein Leben ganz hinzunehmen und es mit seinem Heiligen Geist zu erfüllen. Von diesem Gebet stand er befreit und fröhlich auf.
Nun, wo er eine klare Entscheidung für Gott getroffen hatte, gewann Tim zunächst den Eindruck, etwas verloren zu haben. Er war davon überzeugt, daß die okkulten Mächte ihn zwar weitgehend verlassen, aber auch die Führung und den Schutz über sein Leben, die er früher genossen hatte, von ihm abgezogen hatten.
Die Dämonen konnten nicht vergessen, was geschehen war. Etwa sechs Wochen später fuhr Tim mit seinem Wagen durch

die kleine Universitätsstadt. Er war stolz und glücklich über seinen geistlichen Sieg. Als er an das Stoppschild einer Kreuzung kam, versagten seine Hände und Füße den Dienst, so daß er nicht anhalten konnte. Mit einer Geschwindigkeit von etwa 40 Stundenkilometern überquerte er die Hauptstraße. Es war nur ein Auto auf der Straße, und das raste geradewegs auf ihn zu!

„Hilf mir, Gott!“ bat Tim in seiner Hilflosigkeit leise. Irgendwie, niemand kann sagen wieso, gab es keinen Zusammenstoß.

So lernte Tim die neue Führung und den Schutz Gottes kennen, dem er sein Leben unterstellt hatte.

Als mein Freund dies erzählte, war Tim kurz vorher sein Gast gewesen. In einer der ersten Nächte dieses Besuchs hatte seine Frau eine entsetzliche Beklemmung. Sie träumte, der Tisch und die Stühle im Eßzimmer bewegten sich, und zwar jeder für sich und so merkwürdig, als würden sie von unsichtbaren Händen umhergestoßen. Dann fingen das Sofa und die Lampen im Zimmer daneben an, sich zu krümmen, herumzurutschen und sich lustvoll zu wiegen. Die Frau meines Freundes hatte den Eindruck, das ganze Haus sei in den Händen von Dämonen, und sie erwachte mit einem Entsetzen, wie sie es noch nie gespürt hatte.

Tim, der im Zimmer nebenan schlief, wachte in dieser Nacht von einem Klopfen am Fenster auf, das er ganz deutlich gehört zu haben meinte. Er hatte das gräßliche Gefühl, schreckliche Dämonen wollten in sein Zimmer eindringen. Als er beim Frühstück davon berichtete, sagte er: „Ich habe bisher nur einmal in meinem Leben Angst gehabt, aber in der vergangenen Nacht war ich zu Tode entsetzt.“

Hier wollte ich dieses Kapitel ursprünglich beenden, muß aber nun noch etwas hinzufügen. Mein Freund aus New York teilt mir eben mit, daß Tim schwer erkrankt ist. Obwohl die Ärzte ihm keine Hoffnungen machen, bleibt er fest in seinem Glauben an Jesus Christus. Er kennt die Macht des Bösen – aber er kennt sie viel zu genau, als daß er sich vom Licht und von der Liebe Christi abwenden würde.

12. *Die Computer-Programme des Teufels*

Kürzlich zeigte mir ein befreundeter Geschäftsmann seinen Computer. „Er gibt mir nahezu jede beliebige Auskunft über meine Kunden“, sagte er. „Er ist darauf programmiert, die Adresse jedes Kunden herauszusortieren, der im Laufe des Jahres für mehr als fünfundzwanzig Mark bei mir bestellt hat; an alle diese Adressen schicken wir unseren Weihnachtskatalog. Ich benutze den Computer aber auch für persönlich gehaltene Briefe an ausgewählte Empfängergruppen.“
„Ihr Computer schreibt Briefe?“ fragte ich.
„Natürlich“, antwortete mein Freund. „Er sortiert nach unseren Wünschen alle Kunden mit besonderen Merkmalen aus, z.B. alle Familien mit kleinen Kindern. Dann können wir jeder Familie einen persönlichen Brief mit der Empfehlung unserer Kinder-Bekleidung schicken. Jeder Brief enthält außer der vollen Anschrift in der Anrede und der Grußformel am Schluß noch zweimal den Namen des Kunden. Es ist ein sehr wirkungsvolles Verkaufsprinzip.“
Mir kam die Arbeitsweise des Teufels in den Sinn. Wenn er auch keinen Computer hat, so verfügt er doch über etwas

noch Besseres zur Steigerung seines Geschäftserfolges. Er kennt alle Schliche, um die schlechtesten Seiten in uns anzusprechen, und bekommt uns damit an die Angel für seinen teuflischen Lebensweg!

Bei einigen Zeitgenossen benutzt er Wahrsagerei durch Handlesen. Ich mußte einmal in Miami in einem Hotel übernachten, und als ich in der Halle wartete, hörte ich jemanden leidenschaftlich hinter einer aufgestellten Zierpalme sprechen. Als ich umherging, sah ich hinter diesem Baum eine Tafel mit der Aufschrift:

MADAME FLORESSA
HANDLESERIN
INDIVIDUELLE BERATUNG
NUR BEI VORANMELDUNG

Neben dem Schild hockte eine Frau in mittleren Jahren mit einem dunklen Turban auf dem Kopf und hielt die Hand eines etwa zwanzigjährigen Mädchens. „Diesen Sommer", so hörte ich sie sagen, „wirst du einem Mann begegnen, der dir außergewöhnliche Chancen eröffnen wird. Er wird einer der wichtigsten Männer für dich werden. Zuerst wirst du denken, es sei wieder mal eine Bekanntschaft wie schon so manche. Aber das wird ein Irrtum sein.

Jetzt sehe ich eine Krise in den folgenden zwei Jahren kommen. Du wirst dich entscheiden müssen, ob . . ."

In diesem Augenblick kam derjenige, auf den ich wartete, und ich habe niemals herausbekommen, was es für eine Krise sein sollte – aber ich hatte Madame Floressas Wirkung auf das Mädchen beobachten können. Sie erzählte ihm all das, wovon die meisten Mädchen träumen, bis der richtige Mann in ihr Leben tritt.

Bei anderen versucht es der Teufel mit Tarotkarten. Nachdem er den Film „Der Magier“ gesehen hatte, der sich mit phantastischen okkulten Riten befaßt, die alle mit dem Tarotspiel zusammenhängen, wurde Gary Wilburn ganz von diesen eigenartigen Karten gefesselt, mit deren Hilfe viele Menschen versuchen, einen Blick in die Zukunft zu werfen. Als er die Karten nach seiner eigenen Zukunft und der einiger Freunde befragte, war er verblüfft, wie genau die Voraussagen stimmten.

Für einen Freund schien die Aussage, die er den Karten entnommen hatte, so ungewöhnlich schlimm, daß er die Befragung wiederholte. Ergebnis: dieselbe Grundaussage, nur noch genauer. Als Garys Freundin ihm erzählte, daß sie für den Bekannten dieselbe Vorhersage von einem anderen Kartenleser und auch von einem Handleser bekommen hatte, geriet er in Aufregung. Wenn die Vorhersagen alle innerhalb eines Jahres eintreffen sollten, so beschloß Gary, wolle er niemals mehr Karten in die Hand nehmen. Heute ist er Pfarrer in Georgia und berichtet von diesem Ereignis in seinem Buch „The Fortune Sellers“.

Ein anderer Weg, auf dem der Teufel Menschen in den Bannkreis des Okkultismus führt, ist das Ouija-Spiel. Dieses harmlos aussehende Spiel findet man neuerdings auch in christlichen Häusern, ja sogar in Gemeinderäumen. Und das, obwohl schon so viele Menschen zugegeben haben, daß sich ausgerechnet damit die Dämonen Eingang in ihr Leben verschafft haben!

Ein Mädchen aus einem Drogen-Entwöhnungsheim gestand in einem Interview: „Ehe ich hierher kam, hatte ich mit Magie nichts zu schaffen. Meine Freunde begannen gerade, sich irgendwie für üble Sachen zu interessieren – für Dinge, bei denen ich ihnen nicht folgen konnte, weil sie in eine so merkwürdige Welt zu geraten schienen – als ob sie so tief in die Drogenabhängigkeit geraten wären, daß sie, da ihnen die Drogen nun keine Befriedigung mehr geben konnten, sich der Magie auslieferten.“ (Zitiert aus: Ruben Ortega, „The Jesus People speak out!“, Verlag Pyramid Books.) Ein College-Student in Indiana sagte: „Dämonische Besessenheit kann auf vielerlei Art ihren Anfang nehmen. Ich glaube, sie beginnt häufig mit dem Konsum von Drogen oder mit fernöstlicher Meditation; wenn man sich ihnen zuerst einmal öffnet, halten die Dämonen ohne Mühe Einzug bei einem Menschen.“

Drogen, na gut. Die allermeisten Christen werden dem zustimmen, daß der Teufel Drogen benutzt, um Menschen in seine Gewalt zu bekommen. Aber *Meditation?*

In der jüngsten Ausgabe einer Zeitschrift für junge Leute erschien ein ausführlicher Bericht über einen jungen Mann, der den Teufel angerufen hatte und dann unter einem unentrinnbaren Zwang eine ganze Serie ritueller Morde verübte. In derselben Ausgabe der Zeitschrift stand auch ein Artikel über Transzendentale (fernöstliche) Meditation. Er enthielt Aussagen von Hochschul- und College-Studenten, die berichteten, in welchem Hochgefühl sie lebten und wie sich ihre Leistungen verbessert hätten, seit sie diese Art der Meditation betrieben. Einige dieser Studenten meinten, daß sie davon so erhoben und erfüllt seien, daß sie seither auf Drogen verzichteten.

Am Ende dieser begeisterten Werbung für die Transzendentale Meditation (die nichts, aber auch gar nichts mit der Meditation im christlichen Leben zu tun hat, denn christliche Meditation ist das Stillwerden über Gottes Wort und die Öffnung zu Gott im Gebet!), wurden in dieser Zeitschrift Anschriften veröffentlicht, wo solche Meditationskurse abge-

halten werden; Interessenten, die aus verkehrstechnischen Gründen diese Kurse nicht besuchen könnten, hätten die Möglichkeit, über die Post einen Fernkurs anzufordern.
Das hat mich sehr geärgert. Hätte diese Zeitschrift die Anschriften von Kirchen gebracht, wo junge Menschen das befreiende Evangelium Christi hören können, wieviel entrüstete Proteste hätte es gegeben! Aber wer protestiert auch nur mit einem Wort, wenn junge Menschen dazu gedrängt werden, einer neuen Religion zu folgen?
Denn das macht die Transzendentale Meditation aus: Sie ist ein Versuch, den Frieden und Gott zu finden ohne die einzige Brücke zu Gott, Jesus. So öffnet sie den Menschen teuflische Einflüsterungen, die ihn nicht selten zu innerem und auch äußerem Verfall führen. Francis Schaeffer sagt über den transzendentalen Mystizismus, der der Transzendentalen Meditation zugrunde liegt: „Einiges davon ist rein fernöstliches Denken, einiges ist eine krause Mischung aus schwärmerischem Wunderglauben und okkultem Aberglauben, und einiges ist reiner Satanskult." (Zitiert aus: Francis A. Schaeffer, „The New Super-Spirituality", Inter-Varsity Press.)
Max Gunther, Schriftsteller in Connecticut, hat sich intensiv mit Untersuchungen okkulter Praktiken befaßt und Gespräche mit deren Verfechtern geführt. Er unterhielt sich einmal mit einem Mann namens Al Manning darüber, wie man den Geist wirklich kennenlernen könne, der dem eigenen Leben angemessen ist und ihm Sinn geben kann. Manning empfahl dazu, das Denken so absolut auszuschalten, daß der Geist in das Bewußtsein eindringen könne. Das Gewicht, das in der Transzendentalen Meditation auf die Ausschaltung des bewußten Denkens gelegt wird, kann zu solchen Ergebnissen führen – und zur dämonischen Besessenheit.
Einer der bekanntesten und am häufigsten beschrittenen

Wege in den Okkultismus ist die Astrologie: Es gibt ja heute kaum eine Tageszeitung ohne Horoskop. An einem Zeitungskiosk, wo auch Taschenbücher und Broschüren verkauft werden, zählte ich achtundvierzig Buchtitel und siebzehn verschiedene Zeitschriften über Astrologie. Jetzt sind sogar Voraussagen erhältlich, die von Computern ermittelt werden. Eine der ersten Fragen, die viele Leute stellen, wenn sie mit einem Fremden zusammenkommen, ist die nach seinem Sternzeichen.

Ich wäre der letzte, der behaupten würde, in der Astrologie stecke keinerlei Wahrheit. Es spricht einiges dafür, daß die Mondphasen irgendwie mit dem Anwachsen oder Abflauen der Kriminalität, der Geburtenziffer und anderem mehr in Zusammenhang stehen. Und wenn der Mond Menschen beeinflußt, mag dies auch für die Planeten zutreffen. Was dies allerdings mit der Prägung des gesamten Lebensweges eines Menschen von seinem Geburtsdatum her zu tun hat, konnte mir noch niemand einleuchtend erklären. Fest steht nur, daß jeder Teil der okkulten Welt ein Gramm Wahrheit enthält, versteckt in einer Tonne Unwahrheit und hundert Tonnen dämonischer Anziehungskraft, dazu bestimmt, uns aus Gottes Hand heraus in die des Teufels zu führen.

Wenn Sie sich mit der Astrologie befassen, werden Sie genügend Wahrheit darin finden, um immer mehr in ihren Bann zu geraten. Aber hier muß ich doch einige Tricks und Täuschungsmanöver der Astrologen erwähnen. Zum einen sind die meisten astrologischen Voraussagen, wie auch die der anderen sogenannten Propheten unserer Zeit, in so unbestimmten Formulierungen gehalten, daß sie auf nahezu alles zutreffen, was passiert. Wenn sie aber auf spezielle Dinge eingehen, was kommt da an Unsinn heraus!

Einer meiner Freunde, ein freischaffender Schriftsteller, er-

zählte mir, daß er sich einen Spaß daraus macht, Tages-Horoskope *abends* nach der Arbeit zu lesen, statt morgens, wie es andere tun. Er sagte: „Wenn du morgens Carroll Righter liest, und er sagt, ‚Sie werden heute höchst anziehend wirken', und wenn du leicht zu beeinflussen bist wie die meisten Menschen, dann wirst du den ganzen Tag herumlaufen und dich höchst anziehend fühlen und meinen, Righter habe recht. Aber wenn du die Horoskope erst liest, ehe du ins Bett gehst, hast du eine Menge zu lachen. Am letzten Montag kamen mir ein paar großartige Einfälle für ein Buch, das ich gerade schreibe. Am Abend sah ich nach, was Jeane Dixon in meinem Tages-Horoskop geschrieben hatte, und las: ‚Einfache Erklärungen öffnen Ihnen jede Behördentür. Keine Kleinigkeit sollte ausgelassen werden.' Und Carroll Righter schrieb: ‚Kaufen Sie Pfandbriefe und nehmen Sie Kredit auf. Gehen Sie Auseinandersetzungen aus dem Weg.' Keine der Vorhersagen sagte irgend etwas über die großartigen Ideen aus, die mir an diesem Tag kamen. Keine Tür öffnete oder verschloß sich mir, und ich begegnete niemandem, der mit mir Streit suchte. Beide Astrologen machten mir absolut falsche Voraussagen. Nur barer Unsinn!"
Um die Jahresmitte 1972 kam mir ein „Astrologischer Führer zu den Präsidentschaftskandidaten" in die Hände. Das Taschenbuch trug die Aufschrift: WER WIRD DER NÄCHSTE PRÄSIDENT? Das Werk hatte Sybil Leek verfaßt, und es erschien beim Verlag Ace Books. Sicher möchten Sie gerne wissen, wen diese sehr bekannte Wahrsagerin 1971 als Gewinner der Wahlen von 1972 herausgefischt hat. Das Buch enthält eine Menge nichtssagender Feld-Wald-und-Wiesen-Weisheiten. Aber die Verfasserin sagt immerhin, daß von den aussichtsreichsten Kandidaten einer nach dem anderen aus dem Rennen um die Präsidentschaftskandidatur ausschei-

den werde und daß wir als Folge dessen zu dem klaren Endergebnis kommen würden: Muskie – Kennedy – Humphrey gegen Nixon – Connally. Wahrlich für 1971 keine üble Einschätzung der Lage – nur hat sie mit Astrologie nichts zu tun. Sie liefert allerdings den Beweis, daß auch diese „Wissenschaft" nicht exakt ist, denn weder Muskie noch Kennedy noch Humphrey sind gegen Nixon angetreten, sondern McGovern.

Was Sybil Leek über Richard Nixon sagt, ist nicht gerade schön. Und „nach den Planeten ist Mr. Nixons Kandidatur im Wahljahr 1972 noch keineswegs eine sichere Sache". Wenn Präsident Nixon kein aussichtsreicher Präsidentschaftskandidat für 1972 war, dann weiß ich nicht, wer es überhaupt war. Aber *wenn* Nixon das Rennen um die Kandidatur schaffen sollte, sagte Sybil Leek voraus, „dann riskiere ich die Voraussage, daß Mr. Connally die Möglichkeit hat, Kandidat für den Vizepräsidenten zu werden."

Und was ist mit den Bewerbern der Demokratischen Partei? Nun, sagte Sybil Leek, zwischen den Planeten und Lindsay und Muskie hat George McGovern kaum eine Chance, nominiert zu werden. Und wer dann? Nach Frau Leeks eigenen Worten war „der Mann mit der stärksten astrologischen Konstellation für die Wahl zum Präsidenten der Vereinigten Staaten durch eine Volkswahl 1972" kein anderer als Senator Harold E. Hughes. Sind Sie überrascht? Die Sterne werden es auch gewesen sein, als Hughes nicht einmal nominiert wurde!

Zu manchen Menschen findet der Teufel Zugang über die sexuelle Begierde. Prof. Owen Rachleff, der, ohne daran zu glauben, an der Universität Vorlesungen über Okkultismus hält, sagt über magische Zirkel: „Ich neige zu der Auffassung, daß viele der gegenwärtig geübten Kulte mehr oder weniger

Orgien-Klubs sind, die unter dem Deckmantel religiöser Riten laufen, um ihnen einen halbwegs ehrbaren Anstrich zu geben.“ (Zitat aus Daniel Cohen, „Voodoo, Devils and the New Invisible World“, Verlag Dodd Mead & Company.)
Zweifellos ist es die Aussicht auf ungehemmte Sexualität, die die okkulten Vereinigungen und Praktiken eine solche Anziehungskraft auf viele Menschen ausüben läßt.
Es gibt ja so viele Wege, wie ein Mensch vom Teufel beherrscht werden kann! Der Platz reicht nicht aus, um sie alle aufzuzählen. Aber glauben Sie nur nicht, daß der Okkultismus das einzige Werkzeug des Satans ist. Er kann praktisch alles dazu benützen, Sie in seine Richtung zu drängen – sogar die Religion!
Vergessen Sie nicht, daß es die kirchlichen Lehrer der damaligen Zeit waren, die von Jesus Kinder des Teufels genannt wurden. Lesen Sie es im achten Kapitel des Johannes-Evangeliums nach.
Ja, der Teufel kennt alle Engel. Ich bin davon überzeugt, daß er über jeden von uns mehr weiß, als wir uns vorstellen können. Und er steht jederzeit bereit, uns mit allen nur denkbaren Arten persönlicher Lockungen, von denen jede auf unsere Schwächen maßgeschneidert ist, in seine Macht, in seine Abhängigkeit zu bringen. Er hat seine eigene Bibel und sein eigenes Evangelium.
Anton Szandor La Vey, ein Kalifornier, hat die von ihm benannte „Kirche des Satans“ gegründet und leitet sie auch selbst. Er ist auch der Verfasser einer sogenannten „Satans-Bibel“, die 1969 im Verlag Avon Books herausgebracht wurde. Sie enthält solche „erstklassigen“ Weisheiten wie:

> Wer jemandem, der ihn schlägt, die andere Backe auch hinhält, ist ein feiger Hund.

- Sage zu deinem Herzen: „Ich bin mein eigener Heiland und Erlöser."
- Gesegnet seien die Streitsüchtigen, denn die Schwachen werden vor ihnen fliehen – verflucht seien die geistlich Armen, denn sie sollen angespuckt werden.
- Satan ist der Inbegriff all dessen, was man Sünde nennt. Die Sünde bringt uns alle Arten körperlicher, geistiger oder gefühlsmäßiger Befriedigung.

In seiner „Satans-Bibel" verherrlicht La Vey den Teufel und macht Jesus und Gott lächerlich. Er rühmt die sieben Todsünden und meint, es sei nur natürlich, der sexuellen Gier, dem Stolz, der Habsucht und allen anderen menschlichen Verlangen jederzeit nachzugeben. Allem, aber auch allem in der Bibel widerspricht er und „widerlegt" es mit höllischer Logik. Unter anderem sagt er seinen Lesern, wie man seine Seele verkaufen, wie man ein menschliches Opfer auswählen, wie man den Teufel anbeten, wie man dämonische Macht ausüben und wie man Haltlosigkeit und Verderben auf seine Feinde beschwören kann.
La Veys Buch ist nicht die einzige „Satans-Bibel". Jeder von diesen Zauberburschen hat wahrscheinlich seine eigene, die aus angeblich geheimen Formeln und Riten, Beschwörungen und „Gebeten" zusammengestellt ist. Die Tarotkarten sind „des Teufels Bibel in Bildern" genannt worden. Alle diese teuflischen Produkte haben eines gemeinsam. Sie bieten ein satanisches Evangelium an:

ein Evangelium der Versprechungen, die sich nicht erfüllen;
ein Evangelium magischer Kräfte, die immer mehr fordern und immer weniger geben;

ein Evangelium der Pseudoreligion – eine leere religiöse Form ohne Gehalt.

Das Evangelium des Teufels ist ein Evangelium von Nichtigkeiten. Es leugnet die Existenz Gottes, eines Heilands, des Himmels – und es verneint ebenso, daß der Teufel und die Hölle Wirklichkeit sind. Es zerstört wahre Freiheit und Persönlichkeit, echte Brüderlichkeit, Frieden und Liebe. Es verspricht diese Begriffe, gibt selber aber nur lächerliche Karikaturen davon. Mit einem Wort: Es kennt keine Hoffnung.
Als Michelangelo „Das Jüngste Gericht“ malte, stellte er darin auch einen Mann dar, der soeben begreift, daß er in der Hölle ist. Sein Kinn hat er in die Hand gestützt. Seine Augen spiegeln die entsetzliche Erkenntnis, daß er für immer verloren ist. Er weiß jetzt, daß es für ihn niemals und nirgends irgendeine Hoffnung gibt.
Er ist das genaue Abbild dessen, der sich vom strahlenden Evangelium Christi ab- und der verzerrten Botschaft des Satans zugewendet hat.

13. Zauberei und Magie heute

Den meisten Menschen fällt es schwer, Zauberer oder Magier ernst zu nehmen. Von ihren Kindheitserinnerungen her verbinden sie Zauberkunst mit schwarzen Katzen, Reiten auf dem Besenstiel, ausgehöhlten erleuchteten Kürbissen und anderen Masken. Sie bedauern Hexen, wenn sie an die puritanischen Hexenprozesse in Neu-England denken. Tatsache ist, daß die Puritaner keine einzige Hexe verbrannt haben. Neunzehn Menschen wurden unter der Anklage der Zauberei von ihnen gehängt – aber während der spanischen Inquisition sind hundert an einem Tag verbrannt worden. Ob es nun Protestanten oder Katholiken waren, die in früheren Jahrhunderten Menschen als Hexen umbrachten, alle Christen sind sich heute darin einig, daß diese Gewalttaten Unrecht waren.

Das alles macht aus der Magie aber nichts Gutes. Die Tatsache, daß es ein übles Vorgehen war, Menschen wegen des Verdachts der Zauberei zu töten, bedeutet noch lange nicht, daß es gut ist, zum Teufel zu beten. Das Pendel der Geschichte schlägt von einem Extrem zum anderen aus. Und die heutige Duldung und das Gewährenlassen von Magiern, die

sich ihrer Künste rühmen und die als harmlose okkulte Schmutzfinken hingestellt werden, ist auch ein sehr gefährliches Extrem.
Manche von ihnen erscheinen wirklich ganz harmlos. Es ist kaum anzunehmen, daß Sybil Leek einer Fliege ein Haar krümmen könnte. Aber in ihrem Buch „Cast Your Own Spell", erschienen im Verlag Pinnacle Books, gibt sie „eine recht tückische kleine italienische Zauberformel" wieder, „mit der man einen Feind schädigen kann". Das Büchlein „Zauberformeln für jeden Tag" erhebt Anspruch darauf, nur mit „Weißer Magie" zu arbeiten, von der vorausgesetzt wird, daß sie „gut" ist – das Gegenstück zur „Schwarzen Magie", die „nicht nur ekelhaft, sondern gefährlich ist". Dasselbe Büchlein erläutert aber, wie man „den bösen Blick auf jemanden legt", „eine Krankheit auf andere überträgt" (die man haßt) oder wie man „einen Feind physisch vernichten kann". Und das soll *gut* sein?
Was auch immer man von Magiern erzählt, nie kann die ganze Breite ihres Tuns und Treibens umrissen werden. Die einen wollen es nur mit der Weißen, die andern wiederum nur mit der Schwarzen Magie zu tun haben. Die einen treffen sich bei Vollmond in dunklen Räumen, die anderen sind Einzelgänger wie die Eremiten. Manche sind ganz darauf aus, die „Alte Religion", wie sie es nennen, mit all ihren korrekten Riten und Zauberformeln wiederherzustellen; manche richten ihr Wirken ganz auf Sex und Gewalt aus. Wieder andere tragen schwarze, weiße oder rote Gewänder, wenn sie ihre okkulten Zeremonien feiern, während nicht wenige das lieber im „Himmelskleid" (also nackt) und in der Regel zusammen mit dem anderen Geschlecht tun. Manche Magier behaupten, nicht an Dämonen zu glauben; viele glauben jedoch tatsächlich an ihr Vorhandensein.

Aber Sie brauchen ja keine ganze Torte zu essen, um zu merken, ob sie gut oder schlecht ist, und so möchte ich Ihnen nur eine oder zwei Proben von Magie geben. Sie können daraus Ihre eigenen Schlüsse ziehen.
Im fünfzehnten Jahrhundert beklagten sich Dutzende von Eltern bei John V., dem Herzog von Britannien, daß der Baron Retz ihre Kinder stehle. Bei der Untersuchung dieser Anklage entdeckte der Herzog, daß der Baron und seine Freunde Kinder aufgriffen, um sie in der Schwarzen Messe zu opfern. (Tatsächlich wurde der Baron verurteilt, nachdem ihm und seinen finsteren Genossen die Ermordung von *mehr als hundert Kindern* nachgewiesen worden war.)
Wie die meisten Dinge im Bereich der Magie ist die Schwarze Messe so ins Dunkel gehüllt, daß es schwer zu entscheiden ist, wo in den Berichten, die darüber vorliegen, die Wahrheit aufhört und wo die Phantasie beginnt. Einige Tatsachen darüber, wie sie im mittelalterlichen Europa begangen wurde, können aber als zutreffend angesehen werden. In einer schwarz ausgekleideten Kapelle schmückten schwarze Leuchter einen mit einer schwarzen Decke verkleideten Altar. Auf dem Altar lag eine nackte Frau; mit der aus einer Kirche gestohlenen Hostie in der Hand las ein ausgestoßener Priester die Messe.
Der Höhepunkt der Zeremonie war die Opferung eines Tieres oder eines Kindes. Diese Opferung, so meinten die Teilnehmer, setze ungeheure psychische Kräfte frei.
Im siebzehnten Jahrhundert ließ ein junges Mädchen in Frankreich, Françoise Montespan, einen Wahrsager in Paris eine Schwarze Messe für sich lesen. Ihr Ziel: Sie wollte die Geliebte des Königs werden. Der Zauber wirkte. Ludwig XIV. verließ ihretwegen eine noch jüngere und, wie man sagt, auch hübschere Mätresse.

Dann fiel Ludwigs Auge auf ein neues liebliches Wesen, und schnurstracks ging Madame de Montespan wieder zu ihrem Wahrsager. Den bösen Mächten wurde wieder eine Schwarze Messe gehalten, und wieder hielt Françoise den König in ihren okkulten Klauen.
Aber Ludwigs Augen reichten weit, und sein Interesse an anderen Frauen in Paris zwangen Françoise ein ums andere Mal zur Schwarzen Kapelle und zur Schwarzen Messe.
Zu ihrem Unglück beklagten sich die Eltern, deren Kinder geopfert wurden, damit Françoise in den Armen des Königs bleiben konnte, über den Verlust. Als es zu Tumulten kam, wurde eine Untersuchung eingeleitet, und als ans Licht kam, was geschehen war, schickte Ludwig Françoise de Montespan in ein Kloster. Wer will schon mit einer Hexe liiert sein, die ihn mit Magie bezaubert? Der Wahrsager und seine Helfershelfer wurden bestraft. Vor ihrer Hinrichtung gestanden sie, eintausendfünfhundert Kinder bei ihren diabolischen Riten abgeschlachtet zu haben.
Deshalb: Glauben Sie nur nicht, alle im Mittelalter wegen Hexerei Angeklagten seien unschuldige, liebenswürdige alte Frauen gewesen. Viele von ihnen mögen das gewesen sein. Aber es ist erwiesen, daß Zauberei und Magie früher wie heute aus einer Mischung von Götzenverehrung, Gotteslästerung und Grausamkeit bestehen.
Meinen Sie, das sei alles nur historisch? Heute betreiben wohl mehr Menschen magische Praktiken als je zuvor in der Geschichte der Menschheit. Manche treiben dies wohl mehr aus Spaß als im Ernst, aber Magie ist heute sowenig ein Jux, wie sie es je gewesen ist. Sie ist gefährlich, ja sie ist tödlich. In den letzten Jahren wurde eine Gruppe amerikanischer Teenager entdeckt, die Hamster an ein Kreuz nagelte; zwei Jungen aus New York schlugen einen Säugling tot und ban-

den ihn ebenfalls an ein Kreuz; in Kalifornien wurde eine Lehrerin ermordet, ihr Herz und ihre Lungen wurden in einer Zeremonie dem Teufel zum Opfer gebracht; in New York wurde ein Junge im Verlauf eines Satans-Rituals in einem Teich ertränkt.

Michael Newell versuchte sich, einem Zeitungsbericht zufolge, in Schwarzer Magie, weil viele seiner Schulkameraden im Gymnasium davon schwärmten. Dieser Junge behauptete, der Teufel habe ihm gesagt, er werde nie sterben. Er bat zwei seiner Schulfreunde, nachdem sie einen Teufels-Gottesdienst gefeiert hatten, ihm Hände und Füße zusammenzubinden und ihn in einen Teich zu werfen. Er behauptete, er werde zurückkommen und eine Legion Dämonen mitbringen. Michael ertrank.

Ein Pfarrer in Kalifornien erzählte mir, seine Tochter habe ihm von eigenartigen Vorgängen im Gymnasium erzählt. Als sie in der Frühstückspause in den Aufenthaltsraum gekommen sei, habe sie dort etwa ein Dutzend Mädchen im Kreis stehen sehen; sie hätten sich an den Händen gefaßt und etwas Unverständliches gesungen. Ihre Eltern haben dann aus einigen weiteren Angaben darauf geschlossen, daß die Schülerinnen so etwas wie eine Séance abgehalten oder eine Art Magie betrieben hätten.

Leute, die es nicht besser wissen, mögen annehmen, Gott sei tot. Aber niemand braucht heute zu fragen, ob es den Teufel wirklich gibt. Er lebt, ihm geht es gut, und er tut sein möglichstes, unsere Kinder und jungen Menschen vom rechten Weg abzubringen!

Zauberei und Magie werden in so vielerlei Formen betrieben, daß man ihre Spuren gar nicht alle verfolgen kann. Ich habe von einem „Hexen-Zirkel“ gehört, dessen einziges Ziel es ist, Männer zu vernichten – je mehr, desto besser.

Wenn diese Frauen zusammenkommen, rufen sie Dämonen an, sie möchten verschiedenen, namentlich genannten Männern Böses tun oder sie gänzlich vernichten. Dann setzen sie ihren „Gottesdienst" die Woche über in die Tat um.
Anne ist Sekretärin. Als sie eine Arbeiterkolonne an einem Neubau arbeiten sah, konzentrierte sie sich ganz auf einen der Arbeiter und sang leise einen Fluch über ihn, damit er herunterstürze. Als er fiel, erzählte sie dies strahlend bei der nächsten Zusammenkunft des Zirkels.
Um sich nicht übertreffen zu lassen, hielt Elsbeth nun nach einem eigenen männlichen Opfer Ausschau. Als sie am Steuer ihres Wagens saß, beobachtete sie im Spiegel schräg hinter sich einen Mann, der sie mit seinem Wagen überholen wollte. Sie beschleunigte ihr Tempo nur so weit, daß sie den anderen Wagen immer dicht schräg hinter sich behielt, bis sie auf halber Höhe eines Abhangs war. Als der Fahrer hinter ihr über die Behinderung beim Überholen schon vor Wut kochte, bremste sie genau in dem Augenblick ab, als ihnen ein Lastwagen über die Kuppe entgegenkam. Sie platzte vor Vergnügen, als der Wagen des Fremden frontal auf den Lastwagen krachte.
Seit Beginn der siebziger Jahre nimmt die Magie in der ganzen westlichen Welt zu. Es gibt zur Zeit in Italien, der Schweiz, Frankreich, Deutschland und vielen anderen Ländern Tausende von Magiern. In England war Zauberei und Magie bis jetzt verboten. Nun ist dieses Gesetz aufgehoben, und die britischen Magier tauchen aus dem Untergrund auf. Aber der Abgeordnete John Kerans fordert neue Gesetze, weil die neue Magiewelle in England nach seinen Worten „zum großen Teil nur als Deckmantel für sexuelle Orgien und andere üble Machenschaften benutzt wird".
Die kanadische Zeitschrift „Weekend" berichtete kürzlich

von einem neuen, explosionsartigen Ausufern der Magie in Kanada. Der Reporter Emile Schurmacher beschreibt die Zauberpraktiken in Mexiko: „Derzeit blüht die jahrhundertealte Ausübung des Brujeria wie nie zuvor in der mexikanischen Geschichte. Sie gedeiht vor allem in Grenzstädten und -dörfern, wo die Magier besonders von Amerikanern zunehmende Förderung erfahren.“ (Zitiert aus: „Witchcraft in America Today“, Verlag Paperback Library) Voodoo, Macumba und Obeah (ein Negerkult), Spiritismus und Schwarze Magie überziehen ganz Brasilien, die Karibischen Inseln, Mittel- und Südamerika wie ein dichtes Netz.
Und hier in den Vereinigten Staaten steigt die Zahl der Magier ständig. Wenn Sie glauben, Kalifornien sei ihr Hauptgebiet, dann sind Sie über die rasende Verbreitung magischer Praktiken und Zirkel in unserem Land nicht auf dem laufenden. Martin Ebon sagt in „Witchcraft Today“ (Verlag New American Library), daß im New Yorker Stadtteil Manhattan pro Quadratkilometer mehr Magier leben als in jedem anderen Ort in den USA.
Max Gunther wollte herausbekommen, ob möglicherweise eine Verbindung zwischen der Wertpapierbörse und der Magie bestehe. Er fragte die Hohepriesterin eines magischen Zirkels (die auch Sekretärin in einem IBM-Büro ist), was ihr die Magie bedeute. Sie antwortete, sie gebe ihr Macht: „Nicht bloß so ein vages Versprechen, daß ich in den Himmel komme, sondern wirkliche Belohnungen, die man sehen, berühren und in dieser Welt gebrauchen kann.“
„Meinen Sie Geld?“ fragte er.
„Ja, Geld, Liebe, Sex – was immer Sie wollen.“
Gunther nahm an einer Zusammenkunft eines Chicagoer Zirkels teil, der gelegentlich die Kurse der Wertpapier-Börse durch magische Beschwörungen zu beeinflussen versucht.

Von den dreizehn Männern und Frauen, die diesem Zirkel angehören, waren elf anwesend. Sie waren bis auf einige Schmuckstücke vollkommen nackt, denn Magier sind im allgemeinen der Ansicht, daß die Kleidung ihre psychischen Kräfte beeinträchtigt. Die Zusammenkunft begann mit einem Singsang, der, wie Gunther später erfuhr, das rückwärts gesprochene Vaterunser war. Ein Mitglied der Gruppe erklärte Gunther, daß derartige Dinge nötig seien, um „von der Bindung an religiöse Traditionen" zu befreien. Dann wurden die Magier abwechselnd vom Hohenpriester und der Hohenpriesterin ausgepeitscht.

Max Gunther beschreibt dies alles in einem Artikel in der Zeitschrift „True" (Die Wahrheit) und in seinem Buch „Wallstreet and Witchcraft" (Verlag Bernard Geist & Co.) In diesem Buch berichtet er: „In einigen Zirkeln werden mit den Züchtigungsritualen rein sexuelle Ziele verfolgt. Viele Männer und Frauen machen bei diesen Geschichten hauptsächlich der Sexspiele wegen mit. Magier mit sadomasochistischer Veranlagung peitschen einander sehr ausgiebig. In anderen Zirkeln gibt es bei dem Bemühen, Dämonen oder den Teufel herbeizubeschwören, rituelle Liebkosungen."

Ein Kußritual und andere Zeremonien dienten dem Versuch, den speziellen Geist des Zirkels zu beschwören, einen Dämon, der über eine unglaubliche Macht verfügen sollte und den sie Panandrio nannten.

„Panandrio", beschwor ihn die Hohepriesterin. „Komm herein!"

Alle starrten wie gebannt in eine dunkle Ecke des Kellerraumes, wo einige Trockenpflanzen in einer Urne aufgestellt waren.

Es gab ein langes Schweigen. Dann, sagte Gunther, bewegten sich die „Trockenpflanzen", obwohl sich kein Lüftchen regte

und nichts sie hatte erzittern lassen – jedenfalls nichts Sichtbares.
Später erzählten ihm einige der Anwesenden, daß Panandrio gewöhnlich ein Zeichen seiner Anwesenheit gebe; zwei von ihnen sagten, sie hätten ihn schon in Form eines Nebels erscheinen sehen.
An den Zirkel und seinen Dämon wurden mehrere Bitten gerichtet. Ein Mann bat um das Ansteigen der Preise für einen bestimmten Artikel. Ein anderer hatte ein Mädchen schwanger gemacht und bat um eine Fehlgeburt. Der ganze Zirkel sang daher ein ums andere Mal: „Das Baby darf nicht geboren werden." Kurz darauf, so wurde Gunther berichtet, habe die Freundin des Mannes eine plötzliche Fehlgeburt gehabt.
Obwohl manche Magier dies bestreiten, ist bei der ganzen Zauberei und den magischen Zirkeln viel Sex im Spiel. (Häufig wird behauptet, das Christentum sei sexfeindlich. Das stimmt nicht. Christen sind keineswegs Gegner der Sexualität. Wir sind nur strikt dagegen, diese Gabe Gottes durch ständigen Partnerwechsel und dämonische Rituale zu entwürdigen.) Viel zu wenige machen sich klar, daß der Sex nur der Köder ist, mit dem sie in die Erniedrigung, Verzweiflung und die Zerstörung ihrer Persönlichkeit gelockt werden.
Kenner des Okkultismus mögen mir vorwerfen, daß ich in diesem Kapitel Weiße und Schwarze Magie, Zauberei und Satanskult in einen Topf geworfen habe. Es ist aber unmöglich, alles säuberlich zu trennen. Anton La Vey, der „Teufels-Papst", meint, es sei töricht, Zauberei und Magie nur halb betreiben zu wollen; er möchte, daß alle Magier begreifen, daß sie sich mit dem Teufel eingelassen haben, und es auch zugeben. Und so stelle ich fest, daß zwar der Satanskult nicht gerade die übliche Form der Magie und der magischen Zirkel

ist, daß aber die meisten Magier mit dem Teufel doch in vertrauter Beziehung stehen.
Eine Bibliothekarin aus der Nähe von New York sagte kürzlich, sie sei erschrocken über die Zahl von Jugendlichen, die in letzter Zeit nach Büchern über den Teufel, Magie und Okkultismus fragen. Wenn sie sich danach erkundigt, wieso sie sich ausgerechnet dafür interessieren, dann bekommt sie zur Antwort: „Ja, wissen Sie, wir amüsieren uns zur Zeit mit spiritistischen Sitzungen und solchen Dingen."
Eine geschiedene Frau in Montana machte sich an eine fromme Christin heran und redete ihr solange zu, sie solle sich von ihrem Mann trennen, bis diese sich scheiden ließ – mit der einzigen Begründung: „seelische Grausamkeit". Leute, die die Anstifterin kennen, sagten mir, sie selbst glaube, vom Teufel besessen zu sein.
Im Staate Tennessee betrat ein junger Mann von unglaublich abstoßendem Äußeren einen Laden. Er trug eine Brille mit dunklen Gläsern und hatte ein auf dem Kopf stehendes Kreuz um den Hals gehängt. Auf die Frage, was das zu bedeuten habe, sagte er, das Kreuz bedeute eine Umkehrung aller Werte und huldige dem Teufel. Auf die Frage, was er von der Sünde halte, entgegnete er: „Sünde gibt es nicht." Seine übrigen Äußerungen waren genauso unsinnig. Dieser junge Mann hatte eine Frau und zwei kleine Kinder bei sich, die von der Frau mehrmals ohne jeden ersichtlichen Grund geschlagen wurden.
Fragen Sie sich noch, warum ich behaupte, der Teufel sei los?

14. Die heillose Verwirrung

Bei einem der ersten Male, an denen ich zum Fischen ging, angelte ich mit zweien meiner älteren Brüder in einem kleinen Fluß in der Nähe unseres Elternhauses. Ich erinnere mich daran, daß ich schon bald, nachdem wir dorthin kamen, langsam meine Angel ins Wasser ließ und sofort einen starken Zug verspürte.

„He!“ rief ich meinem Bruder Gene zu. „Ich habe einen großen erwischt!“

„Du solltest lieber warten, bis du siehst, was du erwischt hast“, gab mein Bruder zurück. Er hatte schneller als ich begriffen, was los war.

Meine Angelschnur hatte sich im Durcheinander einer anderen Angelschnur verfangen, die auf dem Grund des Flüßchens lag. Als ich schon meinte, dies sei der wahre Grund, entdeckte ich, daß die andere Angel sich in einem alten Schuh verhakt hatte, und der Schuh wiederum war irgendwie mit dem Schlauch eines Autoreifens zusammengebunden. Als der ganze „Fang“ schlammüberzogen zum Vorschein kam, kugelten sich meine Brüder vor Lachen auf dem Boden.

Im Zusammenhang mit dem ganzen Bereich des Okkulten fällt mir jetzt dieser Vorfall wieder ein. Die Magie ist eng verflochten mit Astrologie und Dämonen. Spiritismus führt sehr oft zu fernöstlichen Religionen und Vorstellungen wie der Reinkarnation. All dies ist immer wieder mit Drogen und Wahrsagerei und allen möglichen anderen Dingen verbunden, von denen uns die Bibel lehrt, daß Gott sie verboten hat.

Denken Sie z.B. nur an Jeane Dixon, eine der bekanntesten „Prophetinnen“ unserer Tage. Als sie acht Jahre alt war, ließen ihre Eltern von einer Zigeunerin ihre Handlinien „lesen“; diese Zigeunerin sagte voraus, aus ihr werde eine Prophetin. Die Zigeunerin gab ihr eine Kristallkugel in die Hand, in die das kleine Mädchen hineinschaute und vorhersagte, die Zigeunerin werde sich an ihrem Kochtopf verletzen. Kurz darauf verbrühte sich die Zigeunerin die Hand am kochenden Wasser, das aus dem Topf spritzte.

Später wurde Jeane Dixon von einem Geistlichen in die Astrologie eingeführt, und sie machte aus Träumen, Visionen und Karten Zukunftsvorhersagen. Obwohl sie auf diesem Gebiet einen sehr großen Ruf hat – so soll sie beispielsweise den Tod von John F. Kennedy vorausgesagt haben –, hat sie genauso falsche wie zutreffende Voraussagen gemacht. Als Lyndon B. Johnson Präsident war, verbreitete sie in der Presse ihre Ansicht, er werde 1968 wiederum als demokratischer Präsidentschaftskandidat nominiert. Diese Voraussage hätten wohl die meisten Leute gemacht, denn ein amtierender Präsident wird meistens ein zweites Mal aufgestellt. Aber die Ereignisse hielten alle zum Narren, auch die Prophetin in Washington. Der Kandidat, den die Demokraten nominierten, hieß Hubert H. Humphrey.

Tatsächlich taugen die Voraussagungen von Jeane Dixon,

die sie im Hinblick auf die Präsidenten gegeben hat, nichts. Sie sagte voraus, Richard Nixon werde 1960 Präsident werden, aber Kennedy errang das Amt. Sie sagte voraus, daß sich Walter Reuther 1964 um die Präsidentschaft bewerben werde; er dachte nicht daran.

Frau Dixon prophezeite auch, daß China 1968 einen Krieg beginnen und daß Rußland als erstes Land einen Menschen auf den Mond bringen werde. 1966 sagte sie voraus, innerhalb von neunzig Tagen werde der Vietnam-Krieg beendet sein.

Am Tag vor Jacqueline Kennedys Heirat mit Aristoteles Onassis sagte Jeane Dixon in ihrem täglichen Beitrag in der Zeitung, Mrs. Kennedy denke nicht an eine Heirat. (Die Informationen über Jeane Dixon habe ich folgenden Büchern entnommen: „A Gift of Prophecy“ von Ruth Montgomery, „The occult Revolution“ von Richard Woods, „Twentieth Century Prophet“ von James Bjornstad, „Prophecy in Our Time“ von Martin Ebon und schließlich Jeane Dixons „My Life and Prophecies“, wie sie es Rene Noorbergen erzählt hat.)

Nehmen wir einen anderen Propheten, der zur Zeit über einen großen Anhängerkreis verfügt: Edgar Cayce. Er gibt seine Voraussagen zwar, wie Jeane Dixon, den Anstrich christlicher Einstellung, ist aber einer der entschiedensten Verfechter der Reinkarnationslehre. Er lehrte, daß Christus tatsächlich eine Wiedergeburt Adams gewesen sei, der in einer anderen Wiedergeburt bereits in Zarathustra, dem Gründer des Persischen Kultes, erstanden sei. Wie Adam, so habe Jesus Sünde und Tod über die ganze Welt gebracht – behauptet Edgar Cayce. Durch seine verschiedenen Wiedergeburten habe Adam sich bis zur Gottheit in Christus hochgearbeitet. Das Evangelium der Reinkarnationslehre ist die Aufforderung an uns, es genauso zu machen. Wenn uns dieses Leben nicht gelingen will – nur keine Sorge! Wir haben alle die Chance, wiederzukehren und es beim nächsten Mal besser zu machen, bis auch wir die Spitze erreichen.

Jeder Christ muß zutiefst erschrecken bei dem Gedanken, daß der Heiland die Menschheit im Paradies verdorben habe und erst durch eine Reihe von Wiedergeburten in heidnischen Glaubenslehren der Christus habe *werden* müssen; oder daß Jesus und Christus zwei vollständig verschiedene Wesen seien, wie Edgar Cayce lehrt; oder „daß es dem Menschen nicht bestimmt sei, nur *einmal* zu sterben", wie uns die Bibel sagt (Hebr 9,27); oder daß es einen anderen Weg zum Heil gebe als den Glauben an Jesus Christus.

Ich möchte hier von einem jungen College-Studenten erzählen. Jim, so heißt er, war in San Francisco einigen jungen Leuten begegnet, die im Stadtteil Haight-Ashburg lebten, und er begann, mit ihnen Marihuana und andere Drogen auszuprobieren. Eines Abends, als er zu Hause war, hatte er sich wieder gespritzt und bat seinen Vater, einen evangelischen Geistlichen, ihm während seiner Drogen-„Reise" zu helfen.

Jim hatte den Eindruck, einen dunklen Weg hinunterzugehen, der mit jedem Schritt schwärzer wurde. Um ihn herum waren Gestalten, die er nicht erkennen konnte, und er hörte überirdische Klänge. Laut sagte er: „Dies führt ins Nichts."

Sein Vater bat ihn, doch umzukehren und zurückzukommen. Aber Jim antwortete: „Ich fürchte, das hat keinen Zweck, Vater. Ich bin schon zu weit weg." Vor ihm wurde alles immer dunkler und entsetzlicher. Schließlich sah er auf seiner psychedelischen Reise ein Licht und ging darauf zu. Als er näher kam, nahm er wunderschöne Farben wahr, hörte Klänge von unglaublicher Harmonie und sagte: „Ich fühle mich

eins mit allem um mich herum. Ich bin eins. Ich bin Gott."
Einige Zeit danach, auf einem anderen College, tapezierte Jim die Decke über seinem Bett mit einem schwarzen Muster, das er stundenlang anstarrte. Eines späten Abends bemerkte der Vater die stark erweiterten Pupillen seines Sohnes und schloß daraus, daß der Junge wieder auf einem Drogen-Trip sein müsse.

Diesmal berichtete Jim stockend, er sehe eine Säule. Dann glaubte er, von der Säule angezogen, in sie hineingesogen zu werden: „Ich bin jetzt die Säule selbst... Es ist kein Unterschied mehr zwischen uns..."

Plötzlich meinte er, in eine schwarze Leere zu stürzen. „Hilf mir! Rette mich!" flehte er. Vater und Sohn machten schreckliche Stunden der Angst durch. Zuletzt sah Jim ein Licht, fühlte sich darauf zugeführt und war befreit. Er schrieb auf ein Blatt Papier: *Hindu-Befreiungssäule.*

Bei den ersten Drogen-Trips hatte Jims Vater die Bemerkung „Ich bin eins mit allem – Ich bin Gott" als buddhistische Lehre erkannt.

Bald darauf nahm sich Jim zum Entsetzen seines Vaters das Leben. Bischof James Pike schrieb ein Buch über seine Erfahrungen mit seinem Sohn Jim, das unter dem Titel „The Other Side" (bei Doubleday & Co.) erschienen ist. Darin beschreibt er, wie er mit verschiedenen Medien in Verbindung trat und zur Überzeugung kam, daß Jim mit ihm aus der geistigen Welt heraus in Verbindung stand. Er fragte ihn: „Hast du etwas von Jesus gehört?"

„Ich habe ihn nicht getroffen", habe Jim ihm geantwortet, berichtet der Bischof. „Sie sprechen hier von ihm – als einem Mystiker, einem Seher, ja, einem Seher. Aber, Papa, sie sprechen von ihm nicht als von einem Heiland. Er gilt hier als großes Beispiel und Vorbild, verstehst du?" Kurz darauf

habe Jim gesagt: „Hast du nicht immer geglaubt, daß Gott für uns ein persönliches Gegenüber sei? Er ist die allumfassende Macht, der wir alle huldigen müssen.“
Bischof Pike, der von Haus aus Atheist war, zum katholischen Glauben fand, zum evangelischen Glauben übertrat, Bischof wurde, dann freigeistiger Rationalist, der das Übernatürliche leugnete, und sich schließlich mit spiritistischen Medien einließ, lebt nicht mehr.
Aber glauben Sie nicht auch, daß dies ein weiteres Beispiel für die heillose Verwirrung ist, die der Okkultismus anrichtet? Jims Weg verläuft offenbar von geistlicher Leere über Drogen zur Transzendentalen Meditation und weiter zum Buddhismus, Hinduismus und am Ende zum Selbstmord. Bei seinem Vater führte der Weg zum Spiritismus und einem offenen Ohr für Jims angebliche Botschaften aus einer jenseitigen Welt – und zu seiner offenen Leugnung der Retterschaft Christi und der Personalität Gottes. In meinen Augen ist das nur eine andere Falle des Okkultismus.

Charlie hatte ein ganz anderes Elternhaus. In mancher Hinsicht wuchs er wie viele amerikanische Jungen auf. Er lernte Gitarre spielen, interessierte sich für Psychologie, Hypnose, utopische Romane und Scientology. Scientology, eine Art neuer Religion, die von einem Verfasser utopischer Romane begründet wurde, übte auf Charlie einen starken Reiz aus, weil sie „wissenschaftliche“ Elemente mit den Versprechungen geistiger Stärke, menschlichen Glücks und persönlicher Macht verbindet. Charlie liebte Autos, Mädchen und Geld. Weil er sich hie und da alle drei aneignete, geriet er in jungen Jahren mehrmals mit dem Gesetz in Konflikt. Als er im Washingtoner Staatsgefängnis saß, kam er noch stärker mit Psychologie, Magie und Zauberei in Berührung.

Als Charlie aus dem Gefängnis entlassen wurde, gründete er in San Francisco im Stadtteil Haigth-Ashbury mit einigen „Blumen-Kindern“, vorwiegend minderjährigen Mädchen, eine Wohnkommune. Dann nahmen Rauschmittel und Gewalttätigkeiten in diesem Bezirk überhand, und Charlie zog mit seinen Mädchen aus. Er warnte die Bewohner, daß Liebe und Frieden aus dem Bezirk gewichen seien.
Charlie, inzwischen über dreißig Jahre alt, kaufte einen Bus für seinen Anhang und zuckelte gen Süden. In Los Angeles freundete er sich mit Verfechtern des Satanskults und anderer okkulter Bewegungen an. Im LSD-Wahn meinte er, er sei Jesus, der gekreuzigt werde. Von da an gehörte reichlicher Drogengenuß bei ihm und seinen Mädchen zum Alltag – und Charlie glaubte, er sei beides, Jesus und der Teufel in einem. Mehrmals habe Charlie, wie ein Mädchen berichtete, sich auf ein Kreuz gelegt. Ein anderes Mädchen habe am Fußende des Kreuzes gekniet, und er habe gestöhnt und aufgeschrien, als ob er gekreuzigt würde. Sie hätten auch Tiere geopfert und ihr Blut als Fruchtbarkeitsritus getrunken. Gelegentlich wurden verschiedene Mitglieder seiner Kommune oder „Familie“ wegen Rauschgiftgenusses oder nackten Auftretens in der Öffentlichkeit festgenommen. Doch Charlie und seine Mädchen hatten flinke Zungen, und wer mag heutzutage schon jemand lange in Untersuchungshaft halten? So wurden sie meist schnell wieder freigelassen, und die Familie wuchs. Meist lebten sie von den Kreditkarten, die neue Mitglieder beisteuerten. Auch Kinder einiger berühmter Hollywood-Größen gehörten zeitweilig zu ihnen. Das Leben ist einfach, wenn alles klappt und die Eltern ihren Kindern Scheckhefte in die Hand geben.
Charlie hatte eine Schwäche für die kalifornischen Motorrad-Banden – die Straßen-Teufel, die Höllen-Kerle, die Satans-

Sklaven. Wenn sie einer solchen Bande begegneten, bot er ihnen seine Mädchen an. Es gibt Zeitgenossen, die davon überzeugt sind, Charlies Gruppe sei sehr stark von der „Kirche des Jüngsten Gerichts“ beeinflußt, in der der Satan in einer Reihe mit Gott, Luzifer und Jesus verehrt wird, wenn diese Organisation das auch offiziell bestreitet.
Charlie nannte seine Mädchen Hexen, und sie scheinen sich auch darum bemüht zu haben, wie Hexen zu handeln. 1971 wurden Charles Manson und drei seiner Mädchen überführt, sieben Personen brutal ermordet zu haben; eine der Ermordeten war die Schauspielerin Sharon Tate, die Ehefrau von Roman Polanski, der den okkulten Film „Rosemaries Baby“ gedreht hatte.
In welche heillose Verwirrung hat Charlie Manson sich und seine Gefolgsleute gestürzt!

15. Ein Fünf-Punkte-Programm für Eltern

Kürzlich rief mich eine Frau aus Oklahoma an. „Dr. Cruz?" fragte sie.

„Ich bin kein Doktor", sagte ich. „Nennen Sie mich Nicky."

„Na gut, Nicky. Ich bin Jean Hawthorn. Ich habe drei Kinder und bin ganz ratlos. Meine vierzehnjährige Tochter hat heute aus der Schule das Buch ‚Rosemaries Baby' mitgebracht. Ich glaube, sie lesen es als Klassenlektüre. Was können wir als Eltern tun, um unsere Kinder vor derartiger Literatur zu schützen?"

Ich weiß nicht mehr genau, was ich Mrs. Hawthorn geantwortet habe, aber ich möchte hier betonen, wie wichtig es für Eltern ist zu wissen, was sich heute in unserer mittelbaren und unmittelbaren Umgebung abspielt und daß sie mit vollem Einsatz dafür sorgen, daß ihre Kinder nicht dem seit Jahrhunderten massivsten Angriff des Teufels ausgesetzt werden. Zwischen Drogen, Pornographie und der augenblicklichen Okkultismus-Welle haben die jungen Leute keine Chance, unversehrt zu bleiben, wenn die Erwachsenen ihnen nicht jede nur erdenkliche Hilfe und Unterstützung geben.

Hier das Programm, das ich allen christlichen Erwachsenen und allen Betroffenen empfehlen möchte.

1. Informieren Sie sich, was angeboten wird

Vor einigen Jahren standen die jungen Menschen der Gefahr eines unvorstellbaren Anwachsens des Drogenkonsums gegenüber. Diese Bedrohung wird noch lange Zeit bestehen, aber im Augenblick ist die Ausbreitung des Okkultismus sehr viel schwerwiegender. In diesem Buch habe ich versucht, einige der vielen Gefahren aufzuzeigen, die von dorther auf uns zukommen. Meine größte Sorge ist, daß Sie dieses Buch lesen und dann zu etwas anderem übergehen, ohne etwas gegen die Bedrohung durch den Okkultismus zu unternehmen. Es genügt nicht, daß Sie lesen und dem zustimmen, was ich hier ausgeführt habe. Sie müssen die Fakten selber kennenlernen.

Nehmen Sie Bücher und Zeitschriften zur Hand, die ihre Kinder lesen. Sind sie ihnen förderlich, oder sind sie gefährlich für sie? Sie können das nicht mehr vom Umschlag her beantworten. Die offizielle Zeitschrift einer angesehenen Jugendorganisation brachte kürzlich einen Artikel über ein Haus in England, in dem es angeblich spukt. Dieser Artikel war mit Fotografien angeblicher Geister illustriert, die von einem nahe beim Haus stehenden Baum aufgenommen waren. Ich möchte nicht, daß meine Kinder derartige Dinge lesen, und Sie sollten das auch nicht wünschen.

In einer Buchhandlung sah ich ein ganzes Regal voller Bücher mit okkultem Charakter. Bücher über Zauberei, Magie, Spiritismus, Reinkarnation, Weissagungen, Medien, fernöstliche Religionen und viele andere Themen dieses Bereichs waren vertreten; Bücher über Atlantis, über die Lemuren, Astrologie und Yoga, Voodoo und Obeah, Satansverehrung,

Schwarze Magie, Geister-Fotografie, Traumdeutung, Dämonenkulte, Hypnose, Zahlenkulte, fliegende Untertassen, prophetische Weissagungen, Poltergeister, Alchemie, Hexerei – mir wurde ganz schwindlig von all den Verführungen, die von Spiritismus-gierigen Lesern verschlungen werden.
Anfang der siebziger Jahre erlebten wir eine Welle okkulter Kino- und Fernsehfilme wie „Rosemaries Baby", „Der Andere", „Yoel Danie, der Besessene" und Filme mit Geistern und Dämonen. Sie gehörten zu den beliebtesten Sendungen. Diese Welle ist etwas abgeflaut, während ich dies schreibe, aber ich wäre keineswegs überrascht, wenn demnächst unsere Fernsehprogramme von einer neuen Welle von „Propheten", diesmal fernöstlicher Kulte, überschwemmt würden.
Informieren Sie sich darüber, was an den Schulen geschieht, die Ihre Kinder besuchen. Eine Englisch-Lehrerin in New Jersey zog die Vorhänge im Klassenzimmer zu, schaltete das Licht aus und erzählte ihrer Klasse im Dunkeln von den spiritistischen Erfahrungen, die sie gemacht, und von den Toten, mit denen sie Kontakt aufgenommen hatte. An einer anderen Schule wurden die Fünfzehnjährigen in das Aus-der-Hand-Lesen und in Wahrsagerei mit dem Pendel und ähnliches eingeführt.
Ein Gymnasium in Minnesota bietet als Wahlfach „Übernatürliche Dinge" an.
Die Schüler besuchen Friedhöfe, liegen in Särgen, bewachen Krematorien und sollen sich dabei vorstellen, wie es ist, wenn man tot ist. Hunderte anderer Oberschulen und Hochschulen bieten heute ganz offiziell Kurse und wahlfreie Arbeitsgemeinschaften über Magie und verschiedene Bereiche des Okkultismus an. Und kürzlich gestattete eine Landesregierung der Internationalen Gesellschaft für Meditation, hundert Oberschullehrer darin zu schulen, die Transzenden-

tale Meditation zu unterrichten, von der bereits die Rede war.

2. Sie müssen die Wahrheit über den Okkultismus kennen

Die Leute, die Transzendentale Meditation betreiben, behaupten, sie bringe die jungen Menschen von den Drogen weg zu einer besseren Lebenseinstellung. Was ist aber, wenn dies nur die Tür zu einem noch größeren Übel öffnet, als es die Drogen sind? Das Heroin wurde als harmloser Ersatz für Opium hingestellt. Sie wissen sicher, wie „harmlos" es ist. Wir erleben gegenwärtig eine weltweite Hinwendung zur Innerlichkeit. Wird aber nicht dort, wo Gott die innere Leere nicht füllt, der Teufel es tun?
Ich dränge Eltern immer und überall dazu, in der Bibel zu lesen, was sie zu den okkulten Praktiken zu sagen hat. Ich habe weiter vorne bereits eine Anzahl Bibelstellen zu diesem Thema genannt. Hier noch einige weitere: 5 Mose 18,9-11; Jesaja 8,19.20 und 47,9-13; Hesekiel 13,17-23; Galater 5,19-25; 2 Korinther 11,14 und 15; Offenbarung 22,15. Lesen Sie diese Stellen aufmerksam durch und sprechen Sie mit Ihrem Pfarrer darüber.

3. Warnen Sie Ihre Kinder vor den Gefahren des Okkultismus

Debby Berman berichtete in der „Hollywood Free Paper", einer unregelmäßig erscheinenden Zeitung der Jesus-People-Bewegung, wie ihr als Schülerin auf der Oberschule ein Buch über Okkultismus in die Hände kam. „Mich faszinierten die fremdartigen neuen Kräfte, die mir zuwuchsen, und ich dachte, wenn ich nur immer tiefer in die okkulte Welt eindränge, würde ich finden, was ich suchte."
Bald schon schrieb Debby in Trance, von dunklen Geistern

besessen. Dann trübte sich ihr Bewußtsein, und sie bekam Erinnerungslücken. Die Ärzte meinten, es seien Symptome von Epilepsie, konnten aber keine Erklärung dafür finden. Debby wurde geistig und körperlich von ihren Dämonen geschüttelt und geschlagen. Sie hatte sichtbare Prellungen. Eines Nachts wurde sie so entsetzlich gequält, daß sie Jesus um Hilfe anrief. In der Dunkelheit ihres Zimmers merkte sie, wie er die Dämonen vertrieb, und spürte seine siegreiche Gegenwart. Jetzt besucht sie eine Bibelschule und bereitet sich dort darauf vor, ihr weiteres Leben ganz in seinen Dienst zu stellen.

Pat Boones kleine Tochter Laury sang einmal in der Schule mit ein paar Schulkameradinnen einige magische Zaubersprüche. Obwohl sie selbst das nicht ernst nahm, veränderte sich, wie ihre Eltern sagen, ihr Wesen von da an in erschrekkender Weise, bis sie durch Gebete zu ihrem früheren Wesen zurückfand.

Ihre Kinder und Schutzbefohlenen sollen wissen, was ihnen in der teuflischen Welt des Okkulten zustoßen kann. Aber stoßen Sie sie nicht hinein, indem Sie sie mit Schreckgeschichten über okkulte Dinge zu sehr belasten. Vermitteln Sie ihnen eine positive Einstellung zur übernatürlichen Welt. Zeigen Sie ihnen, welch großmütiger Freund Jesus ist und wie der Heilige Geist jeden beschützt, der sich ganz in seine Macht begibt und unter seinen Schutz stellt. Leiten Sie Ihre Kinder dazu an, selber die Bibel zu lesen und ihre ausgewogene, hilfreiche Sicht der unsichtbaren wie der sichtbaren Welt in sich aufzunehmen.

4. Suchen Sie sich einen Freundeskreis Gleichgesinnter

Tun Sie sich mit anderen Christen zusammen, um die geistige und geistliche Entwicklung Ihrer Kinder miteinander zu besprechen. Die Schulen und die Massenmedien werden sich zwar höflich anhören, was ein oder zwei Elternpaare sagen, aber sie werden kaum ernsthaft darauf reagieren und etwas ändern, wenn sich die einzelnen nicht zu einer Gruppe zusammentun, die vereint eine unübersehbare Größe darstellt. Wenn kraftvolle und einflußreiche Organisationen die Macht einer vereinten Bürgerschaft spüren, werden sie wirklich darauf hören und auch entsprechend handeln.

Ihre Kirche, Ihre Gemeinde oder Ihr Bibelkreis sind der natürliche Ausgangspunkt solcher Gruppen. Auf jeden Fall sollten Sie nie vergessen, daß Ihr Glaube, wenn er nicht zum Handeln führt, ein toter Glaube ist (Jak 2,17).

5. Tun Sie das Ihre, den Ansturm des Okkultismus aufzuhalten

Sie müssen protestieren! Die Regierung hat jede Form des Religionsunterrichts und des Gebets an unseren öffentlichen Schulen (in den USA) verboten. Alle christlichen Eltern sollten sich zu Protestaktionen zusammenschließen, die im Parlament und im Staatsgerichtshof unüberhörbar sind, wenn andere Religionen, ob unter dem Deckmantel der Magie, des Spiritismus, der fernöstlichen Meditation, der Wahrsagerei oder wie auch immer, in die Schulen eingeschleust werden. Wenn Gott schon aus den Schulen verbannt ist, dann dürfen Sie nicht untätig mit ansehen, daß der Teufel dort seinen Einzug hält.

Sie sollten sich auch mit anderen Christen zusammentun und eine neue Gesetzgebung fordern. Wenn die Bibel in der Schule nicht mehr gelesen werden darf, dann darf dort auch für keine anderen Religionen Propaganda gemacht werden. Auf jeden Fall können Sie der Schulbehörde und allen denen gegenüber, die auf die Herzen und Sinne Ihrer Kinder Einfluß

ausüben, laut und vernehmlich Ihre Stimme erheben.
Viele Christen wollen sich nicht in die Politik hineinziehen lassen. Sie erscheint ihnen schmutzig und enttäuschend. Aber wir sollten uns an die Frage erinnern: „Wer weiß, ob du nicht gerade um dieser Zeit willen zur königlichen Würde gekommen bist?“ (Est 4,14). Und wir sollten auf jeden Fall an den jüdischen Jungen denken, der in ein fernes Land gebracht wurde, um an einem heidnischen Hof erzogen zu werden. Am Hof wimmelte es von Magiern und Sterndeutern, denen alle Weisheit zugeschrieben wurde. Der Judenjunge sollte all dies lernen, vergaß aber seinen Gott und die heiligen Schriften nicht. Als der König in Not geriet, wußte allein Daniel Antworten auf alle Fragen, um die sich die Magier und Astrologen vergeblich bemüht hatten. Dank dessen errang er Macht und Einfluß am Hof, obwohl es ein heidnischer Königshof war. Die ganze Geschichte können Sie im Alten Testament im Buch Daniel nachlesen.
Wenn wir uns nicht für die Sache Christi einsetzen, dann müssen wir alles zum Teufel gehen lassen.

16. Kann ein Christ von Dämonen besessen sein?

Diese Frage wird mir am häufigsten gestellt. Ich habe sie nicht im Kapitel 11 mitbehandelt, weil ich überzeugt bin, daß sie ihrer Wichtigkeit wegen eines eigenen Kapitels bedarf. Soll ich damit beginnen, was Besessenheit ist? Wenn ich darüber nachdenke, gehen meine Gedanken viele Jahre zurück. Ich spielte mit anderen Kindern an einem Bach, der sich nahe bei meinem Elternhaus in Las Piedras durch die Wiesen schlängelte. Nachdem wir mehrere Stunden am Ufer und im Wasser gespielt hatten, grinste auf einmal Pablo, einer der Jungen, und zeigte auf mein rechtes Bein: „He, Nicky, was hast du denn an deinem Bein?"

Ich sah an mir hinunter und fand oberhalb vom Knöchel etwas, das wie ein kleines, schwarzes Blatt aussah. Aber als ich es abstreifen wollte, ging das nicht. Es schien aus meinem Bein herauszuwachsen und fühlte sich wie Leder an. Ich schrie gellend auf und rannte nach Hause.

Meine Mutter warf nur einen kurzen Blick darauf und sagte: „Setz dich hin, Nicky." Sie befahl mir stillzuhalten, während

sie Salz auf das schwarze Etwas streute, bis es zusammenschrumpfte und abfiel. „Es ist ein Egel, ein Blutsauger", sagte sie. „Er hat mit seinem Biß etwas in dein Bein hineingespritzt, daß es noch ein bißchen blutet, aber das macht nichts. Es ist ungefährlich."
Zuerst dachte ich, es würde dort, wo sich der Egel an meinem Bein festgebissen hatte, überhaupt nicht mehr aufhören zu bluten, aber nach einer Weile hörte es doch auf, und bald hatte ich alles wieder vergessen.
Wie kann man einen teuflischen Geist neben dem eigenen in sich haben? Wie ist das? Es ist, als ob sich ein Blutegel in einem festgebissen hätte. Man denkt an lauter andere Dinge, und plötzlich spürt man etwas Schwarzes und Schreckliches. Man versucht, das entsetzliche Ding loszuwerden, aber solange man nicht weiß, wie, schafft man es nicht.
Ehe Jesus in mein Lebe kam und die Dämonen daraus vertrieb, war ich häufig furchtbar niedergeschlagen. Manchmal brütete ich stundenlang einsam und verzweifelt vor mich hin. Dann wieder war ich voller Haß und Gewalttätigkeit.
Der Psychoanalytiker Nandor Fodor hat schon mit vielen Leuten gesprochen, die sich dem Okkultismus hingegeben haben. Eine Frau, mit der er sprach, erschien ihm außergewöhnlich grausam und böse. Sie berichtete Dr. Fodor, der Teufel habe immer eine große Anziehungskraft auf sie ausgeübt, und sie habe schon als Kind zu ihm gebetet. Zufällig seien ihre Eltern dahintergekommen und so entsetzt über ihr Tun gewesen, daß man sie zu Hause hinauswarf. Fodor schreibt darüber in „The Haunted Mind: A Psychoanalyst Looks at the Supernatural" (Der gehetzte Sinn: Blicke eines Psychoanalytikers in das Übernatürliche) (Verlag Helix Press).

Diese Frau nahm einen Jungen bei sich auf, mit dem sie Hypnose-Versuche unternehmen wollte. Sie setzte ihn in die Mitte eines magischen Kreises, versetzte ihn in Trance und befahl ihm, in die Hölle zu gehen und den Teufel herbeizuholen. Der Junge wand sich vor Angst, obwohl nichts geschah. Abe sie gab nicht auf. Sie versetzte den Jungen sechsmal in hypnotische Trance und wiederholte jedes Mal den Befehl, den Teufel aus der Hölle herzuholen. Beim sechsten Mal geschah etwas, das sie fast um den Verstand gebracht hätte. In dem magischen Kreis sah sie ein Licht erscheinen. Zwei große Augen, „groß wie Eier", wurden in dem verschwommenen Licht sichtbar, Augen, die sie schrecklich und durchdringend anstarrten. Und der Junge sagte mit tiefer Stimme: „Der Teufel, den Sie heraufbeschworen haben, spricht zu Ihnen."

Die Frau erzählte, sie habe einen röchelnden Atem gehört und solche fürchterliche Angst bekommen, daß sie geschrien habe: „Geh zurück und komme nie mehr wieder!"

Das Licht und der Teufel seien verschwunden, und sie habe nie mehr gewagt, das Experiment zu wiederholen. Sie hatte gemerkt, wie es sie alle ihre Kräfte gekostet hatte, und der Junge sagte, eine ihm unbekannte Macht hätte mehrmals versucht, ihn in ihre Gewalt zu bekommen.

Beinahe jeder Mensch kann von Dämonen besessen werden. Jeder, außer einem Christen.

Ich halte es für ausgeschlossen, daß ein Mensch, der auf Jesus Christus vertraut, von einem bösen Geist erfüllt oder beherrscht werden kann.

Ich weiß, daß manche meiner christlichen Freunde mir in diesem Punkt nicht zustimmen. Ich habe auch schon davon reden hören, daß „reformierte Dämonen", „methodistische Dämonen" und andere ausgetrieben worden seien (ich habe

Freunde in allen Kirchen), aber ich meine, das geht entschieden zu weit!
Ich weiß, wie stark und gefährlich Dämonen sind. Aber ich glaube nicht, daß irgendein Dämon einen entschiedenen Christen beherrschen kann, denn ich habe die Macht Gottes an mir erfahren.
Lassen Sie es mich wiederholen: Ich kenne die Macht des Satans. Er ist das personifizierte Böse; sein ganzes Wesen besteht darin, gegen alles zu sein, was mit Gott zu tun hat. In der heutigen Welt bewirkt er viel, das offensichtlich gegen Christus gerichtet ist; wir sollten davor auf der Hut sein. Ich bin aber der Ansicht, daß Christen dem Teufel mehr zutrauen, als ihm zukommt, mehr, als er wirklich kann.
Viele Christen haben bestimmte Schwächen. Manche rauchen, obwohl sie wissen, daß sie es besser lassen sollten; andere sind niedergeschlagener, als sie es sein sollten; wieder andere lassen sich zu sehr von ihren Ängsten plagen. Nun ist es heute in manchen Kreisen Brauch, solche Schwächen als „Tabak-Dämon“, „Depressions-Dämon“ usw. zu bezeichnen und sie im Namen Jesu auszutreiben.
Ich meine, das sind häufig Ausreden, und ich glaube, daß uns das nur dazu verführt, unsere Fehler und Schwächen einfach dem Teufel anzuhängen.
Ich weiß, daß der Teufel uns mit diesen Lastern gern ein Bein stellen möchte. Ich weiß, daß er Christus und seine Gläubigen haßt; ich weiß, daß er auch Christen mit seiner Macht und Bosheit zusetzen kann. Er kann alles auf dieser Welt dazu benutzen, uns zu versuchen und uns den Sieg zu nehmen. Oft schon hat er mir Widerstände in den Weg gelegt, um mich vom sieghaften Leben abzubringen. Und wenn wir vor solchen Schwierigkeiten kapitulieren, öffnen wir ihm Tür und Tor, und er kann in uns noch stärker wirken.

Aber der Herr wirkt in unserem Dasein, wenn wir unser Wollen und Trachten ganz ihm ausliefern. Die Verbindung unseres Willens mit Gottes Macht ist es, die unserem Leben seinen Stempel aufprägt. Solange wir dazu bereit sind, tut der Herr sein Werk an uns (lesen Sie hierzu Johannes 3,16 und 1,12 sowie Offenbarung 3,20). Wenn wir versagen, dann ist das nicht ein Versagen der Macht Gottes, sondern unseres eigenen Willens. Jakobus 1,14-16 erklärt es so: „Ein jeder, der versucht wird, wird von seinen eigenen Begierden gereizt und gelockt. Danach, wenn die Begierde empfangen hat, gebiert sie die Sünde; die Sünde aber, wenn sie vollendet ist, gebiert den Tod. Irrt euch nicht, meine lieben Brüder."
So wollen wir dem Satan nicht unsere Sünden und Laster in die Schuhe schieben, wo unser eigener Wille entscheidend ist! Warum alles ihm anlasten?
Sosehr ich mir der Macht und Bosheit des Teufels bewußt bin, so bin ich doch von der Macht und Liebe Christi noch mehr überzeugt, vom Kreuz, das uns Leben gibt, und von der Triebkraft des Heiligen Geistes in unserem Leben. Wenn ich so über die wunderbare Macht Gottes nachdenke, kommt mir eine Schriftstelle nach der anderen in den Sinn.
„Denn das Gesetz des Geistes, der lebendig macht in Christus Jesus, hat dich frei gemacht von dem Gesetz der Sünde und des Todes" (Röm 8,2). „Ist Gott für uns, wer kann wider uns sein? Der auch seinen eigenen Sohn nicht verschont hat, sondern hat ihn für uns alle dahingegeben – wie sollte er uns mit ihm nicht alles schenken?" (Röm 8,31 und 32). „Ich bin gewiß, daß weder Tod noch Leben, weder Engel noch Mächte noch Gewalten, weder Gegenwärtiges noch Zukünftiges, weder Hohes noch Tiefes noch eine andere Kreatur uns scheiden kann von der Liebe Gottes, die in Christus Jesus ist, unserm Herrn" (Röm 8,38 und 39).

Im Epheser-Brief betete Paulus darum, daß seinen Lesern die Augen aufgingen zu erkennen, wie überschwenglich groß seine Kraft an uns sei, die wir glauben, weil die Macht seiner Stärke bei uns wirksam wurde, mit der er in Christus gewirkt hat. Durch sie hat er ihn von den Toten auferweckt ... (Eph 1,19 und 20). Dieselbe Macht Gottes, die Jesus vom Tode auferstehen ließ, kann jeder von uns heute anrufen und in sich wirken lassen!

Im zweiten Kapitel des Epheser-Briefes erinnert uns Paulus daran, daß wir, ehe wir zu Christus fanden, gelebt haben „nach dem Geist, der zu dieser Zeit am Werk ist in den Kindern des Ungehorsams" (Eph 2,2). Aber Gott hat uns in seiner Barmherzigkeit lebendig gemacht und eingesetzt im Himmel mit Christus Jesus, damit wir gute Werke täten – nicht böse (Eph 2,4-6 und 10). Wiederum betet er, daß Gott uns „Kraft gebe nach dem Reichtum seiner Herrlichkeit, stark zu werden durch seinen Geist an dem inwendigen Menschen, daß Christus durch den Glauben in unseren Herzen wohne ..." (Eph 3,16 und 17) und daß wir „erfüllt würden mit der ganzen Gottesfülle" (Eph 3,19). Dann preist er Gott, „der überschwenglich tun kann über alles hinaus, was wir bitten oder verstehen, nach der Kraft, die in uns wirkt" (Eph 3,20). Andere Bibelstellen, die dies ebenso klar zum Ausdruck bringen, sind Philipper 3,10; Kolosser 1,19 und 20; Hebräer 2,14-18 und 4,14-16; 1 Johannes 4,4 und viele, viele andere. Die Heilige Schrift hebt *ein ums andere Mal* die Allmacht Christi hervor. Warum sollten Christen dann Angst haben, ein Dämon oder böser Geist könne in sie fahren, solange sie auf der Hut sind? Solange wir im Sieg Christi leben, erfüllt *sein* Geist uns, wohnt *er* in uns, kann uns nichts gegen unseren Willen von dieser seiner Macht trennen (Röm 8,35-39). Wir haben seinen Geist der herrlichen Freiheit der Kinder Gottes empfangen (Röm 8,21) und keinen knechtischen Geist, der uns in Furcht leben läßt (Röm 8,15).

Mein Leben in Christus und mit Christus beruht auf der Befreiung und Freiheit von jeglicher Angst, die ich durch meinen Retter habe. Ich brauche nicht in Angst vor Dämonen zu leben, solange ich in Jesus den Sieg habe. Wenn ich jedoch anfange zu zweifeln und mich von Ängsten und Versuchungen kleinkriegen lasse, dann kann der Teufel dies als Hebel benutzen, bei mir seinen Einlaß zu erzwingen. Aber Gottes Wort ist so voller Zusagen des Sieges und der Überwindung, und Christus kann und will diese Zusagen so unbedingt einlösen, daß ich keine Veranlassung sehe, mich unnötig über des Teufels Bemühungen zu sorgen, sich an mich heranzumachen und mich zu überwinden. Wir brauchen das Vertrauen von Philipper 1,6: „Ich bin darin guter Zuversicht, daß der in euch angefangen hat das gute Werk, der wird's auch vollenden bis an den Tag Christi Jesu." Wir müssen sagen können: „Ich weiß, an wen ich glaube, und bin gewiß, er kann mir bewahren, was mir anvertraut ist, bis an jenen Tag" (2 Tim 1,12).

Diejenigen, die lehren, daß jeder Christ von Dämonen besessen sein kann, berufen sich auf die Geschichte von Hananias und Saphira, Apostelgeschichte Kapitel fünf. Dieser Mann und seine Frau scheinen zu den Gläubigen gerechnet worden zu sein, die ihre Güter verkauften und der Gemeinde das Geld gaben (Kap. 4,32-37). Es stimmt, daß Petrus zu Hananias sagte, der Satan habe sein Herz erfüllt (Kap. 5,3). So scheint es, als ob dies ein Beispiel dafür sei, wie ein Christ von einem Dämon oder dem Teufel besessen gewesen sei. Aber es gibt Glauben und Glauben. „Die Teufel glauben's auch – und zittern" (Jak 2,19). Sie glauben, daß es Gott, Christus und den Heiligen Geist gibt – sie wissen es nämlich sehr genau! –, aber ihr „Glaube“ läßt sich in nichts mit dem Vertrauen und der Treue eines Christen vergleichen! Hananias konnte nicht dem Satan die Schuld geben; Petrus sagte, daß Hananias seine böse Absicht in seinem eigenen Herzen entwickelt habe (Apg 5,4). Und das war keine Eingabe aus einer plötzlichen Versuchung heraus, wie es einem Christen gelegentlich passieren kann. Der Bericht zeigt, daß Hananias und seine Frau die ganze Angelegenheit sorgfältig geplant und sogar genau abgesprochen hatten, daß sie dieselbe Lüge sagen wollten, damit es nicht herauskomme (Apg 5,7-9). Bedenken Sie die teuflische Planung, die dieses Paar ausheckte, und das ganze Handeln, mit dem es diese Planung in die Tat umsetzte. Sie waren sich darin einig, ihren Acker zu verkaufen, zu behaupten, sie hätten weniger dafür bekommen, als es der Fall war, diese kleinere Summe der Gemeinde zu geben und wissentlich in der ganzen Angelegenheit falsch auszusagen, wenn sie getrennt darüber befragt würden. Das war keine gewöhnliche Sünde. Das war eine willentliche, vorbedachte, sorgsam ausgesponnene Sünde gegenüber der Kirche und gegenüber dem Heiligen Geist (Apg 5,3). Kein Wunder, daß Petrus sagte, der Teufel habe Hananias' Herz erfüllt!

Ich kann mir Petrus vorstellen, wie er aus Ärger oder vielleicht aus Stolz sündigte. Ich sehe ihn vor mir, wie er vor einer Magd zittert und leugnet, Jesus zu kennen. Aber ich kann mir keinen einzigen ernsthaften Christen vorstellen, der die vorsätzliche Irreführung und den Diebstahl von kirchlichem Gut plant und mit einem anderen abspricht, wie Hananias und Saphira es zuwege brachten. So überzeugt mich dieses Beispiel keineswegs, daß jedermann jederzeit von Dämonen gepackt werden kann.

Lieber Leser, meine Fürbitte für Sie geht dahin, daß Sie so

mit Gottes Heiligem Geist erfüllt werden, daß kein Platz mehr für irgendeinen teuflischen Geist bleibt.
Der Teufel wird Sie zu packen versuchen und Ihnen zu schaffen machen, wo immer er kann. Er peinigte Hiob. Er hat mir mehrmals zugesetzt. Er hat selbst Jesus versucht! Aber ich kann es einfach nicht glauben, daß unser himmlischer Vater, der uns rettet, hält und erfüllt, es zulassen wird, daß der Teufel uns überwältigt.
Meine Bitte ist es, daß wir Christen lernen, ganz in Christus zu leben, mit beiden Beinen auf der Erde, bereit, unsere Schwächen und Verfehlungen einzugestehen, und genauso bereit, die Vergebung zu suchen und anzunehmen. Wir müssen unser ganzes Vertrauen auf Jesus setzen. „Wenn wir aber im Licht wandeln, wie er im Licht ist, so haben wir Gemeinschaft untereinander, und das Blut Jesu, seines Sohnes, macht uns rein von aller Sünde“ (1 Joh 1,7).

17. Wie man den Teufel überwindet

Ich bin es müde, die Leute sagen zu hören: „Ich glaube nicht an einen personhaften Teufel." So wie unser Zeitalter in den Dämonenkult und andere schreckliche Formen des Okkultismus hineinschlittert, wage ich die Behauptung, daß viele Menschen wissen, was es mit dem Teufel auf sich hat.

Für mich hat Jesus die Frage, was und wer der Teufel ist, schon längst beantwortet. Er nannte ihn einen Lügner und Mörder (Joh 8,44). Sie können keine Vorstellung und keinen Begriff einen Lügner nennen! Jesus nannte Satan den Vater der Bosheit, so wie Gott der Vater des Glaubens und der Christen ist. Ich habe festgestellt, daß diejenigen, die nicht an das Vorhandensein eines personhaften Teufels glauben, auch weder an einen personhaften Gott glauben noch großes Interesse an Jesus zeigen. Und wie auch Sie vielleicht festgestellt haben, verwenden viele Bibelübersetzungen (und die jetzt in Deutschland allgemein gültige ökumenische Fassung) des Vaterunsers anstelle des „Und erlöse uns von dem Übel" das „Und erlöse uns von dem Bösen". Kenner der griechischen Sprache sagen übereinstimmend, daß dies die beste

Übersetzung sei. Und wenn sie damit recht haben, wovon ich fest überzeugt bin, dann will Jesus von uns, daß wir nicht nur um die Befreiung vom Bösen ganz allgemein bitten, sondern auch um die Befreiung vom Vater und Führer aller bösen Mächte und Triebe, die in unserer heutigen Welt mehr und mehr um sich greifen. Jesus will, daß wir Gott um Schutz vor einem personhaften Teufel, dem Bösen, bitten!

Wir sollten den Teufel ja nicht unterschätzen! Die Bibel zeigt ihn in Übereinstimmung mit der Erfahrung vieler Christen als sehr gefährlich. Und da es absolut zutrifft, daß er Sie meiden wird, wenn Sie ihm widerstehen, wurde ich schon verschiedentlich gefragt: „Wie *widerstehen* Sie dem Teufel?"

Beim Schreiben dieses Buches erfuhr ich zu meiner Verblüffung ein über das andere Mal Gottes spürbare Hilfe beim Zuammenstellen des Materials. Da erzählten mir Menschen von ihren okkulten Erlebnissen, von überall her erhielt ich Briefe, und ich bekam zunehmende Einsicht in die Wirkungsweise der übernatürlichen Welt. Alles fügte sich wie die Teile eines riesigen Puzzles zusammen.

Als ich zum Beispiel kürzlich nach Chicago flog, stieß ich auf einen Mann, an dessen Äußerem und Akzent ich merkte, daß auch er aus Lateinamerika stammt. Und kaum waren wir uns begegnet, erzählte mir Julio Ruibal auch schon seine Lebensgeschichte, die all das bestätigte, was ich bisher von der Welt des Okkulten erfahren hatte, und die mir auch genau die Frage beantwortete, wie ein Mensch lernen kann, dem Teufel zu widerstehen und ihn dazu zu bringen, von ihm abzulassen.

„Viele Jahre lang", erzählte mir Julio, „lebte ich ganz im Bannkreis von Dämonen. Jetzt hat mich der Herr aus dem Reich der Finsternis in das Reich seines lieben Sohnes geholt. Ehre seinem Namen!"

„Sie sprechen, als ob Sie eine ganze Menge von Magie verstehen“, meinte ich.
„Das stimmt, Nicky“, entgegnete Julio. „Und es ist keine Angeberei, wenn ich das sage. Ich möchte Ihnen von meinen okkulten Tagen berichten, nicht, weil sie mir heute, wo ich zum Herrn gefunden habe, noch etwas bedeuten, aber damit Sie sehen, daß ich praktische Erfahrungen in dem habe, worüber ich rede. Jahrelang habe ich verschiedene okkulte Praktiken gepflegt, war ich in okkulten ‚Weisheiten‘ bewandert, wie ich es nannte.
Ich bin in Bolivien geboren und aufgewachsen. Seit meinem sechsten Lebensjahr wollte ich Arzt werden und Kranke gesund machen. Aber ich sah keinen Weg, meinen Traum zu verwirklichen. Als ich achtzehn war, hatte ich es auf keinem Gebiet zu etwas gebracht, und meine ganze Familie ließ mich das spüren. Ich versuchte mich in Sport und Musik, aber nirgends erzielte ich wirkliche Leistungen. Ich glaubte, wenn ich meinem Leben jetzt nicht irgendeine Wende gäbe, wäre und bliebe ich ein Nichts und könnte so nicht weiterleben.
So zog mich die Welt des Okkulten an. Sie verspricht einem, wonach man verlangt. Sie ist wie der riesige Papaya-Baum, auf den ich einmal geklettert war. Es war ein heißer Tag, ich hatte Hunger und Durst und wollte mir einige der süßen und saftigen Früchte holen, die ich an seinen Ästen hängen sah. Ich wußte, wenn ich den Baum schütteln würde, würden die Früchte auf dem Boden platzen oder im Unterholz nicht zu finden sein. Deshalb beschloß ich hinaufzuklettern. Ich zweifelte keinen Augenblick daran, daß die großen Äste mich tragen würden, aber da täuschte ich mich. Als ich auf den ersten Ast hinaustrat, um an eine Frucht heranzukommen, brach er. Der Baum erweckte ganz den Eindruck, meinen

sehnlichen Wunsch zu erfüllen, aber das war nur der Schein, und der trog. Genauso ist es mit den okkulten Dingen.
Als ich mich entschloß, es auf dem Weg des Okkultismus zu Ansehen und Erfolg zu bringen, bemühte ich mich gleich um verschiedene ‚Spielarten', von denen ich wußte. Ich begann mit den okkulten Riten der Tibeter. Diese bauen alle auf der Gedankenbeeinflussung auf: Die Spiegelung im Ätherleib, die Psychometrie (bei der man in entrücktem Zustand Gegenstände berührt, die mit der eigenen ‚seherischen Gabe' im Zusammenhang stehen, und dann Verbindungen herstellen), Gedankenübertragung und Astrologie. Das hatte ich alles schnell heraus und ging dann zu den indischen Religionen über, wobei ich mich vor allem dem Hinduismus und dem Joga zuwandte, letzteres in allen seinen mannigfachen Ausprägungen. Dann wandte ich mich den okkulten Praktiken der westlichen Welt zu: Handlesen, Kartenlesen, Transzendentale Meditation, außersinnliche Wahrnehmungen und der Parapsychologie. Schließlich bemühte ich mich um die angeblich höchste Stufe: die Mystik des Gebets und der Anbetung.
Gebet und Anbetung klingt gut, oder nicht? Aber man kann genauso den Teufel anbeten wie Jesus. Und man kann vom Teufel sehr wohl eine Antwort bekommen! Aber wenn man irgendeinen anderen Geist anbetet als den Geist Gottes oder Jesu Christi, muß man seinen Preis bezahlen. Der Teufel kann mancherlei geben: Geld, Gesundheit, Wissen, Schutz, Glück. Der Teufel schenkt auch – aber *tückisch.*
Was der Teufel gibt, das nimmt er nach meiner Erfahrung mit hohen Zinsen zurück. Er ist wie ein Drogenhändler. Der gibt Ihnen vielleicht eine Probe umsonst, und für kurze Zeit mögen Sie sich in einem herrlichen Hochgefühl wiegen, aber auf diese wenigen Minuten oder Stunden folgen Verzweif-

lung, Angst, das Gefühl der Verlorenheit, unentrinnbarer Qual und der sinnlosen Angst, nicht zu wissen, was geschehen ist und wie es weitergehen soll. Der Drogenhändler läßt einen am Ende einen unglaublichen Preis zahlen – immer in Geld, oft aber sogar das eigene Leben.
Die Bibel nennt den Satan den Quälgeist und Peiniger. Das ist die beste Bezeichnung. Er gibt – aber am Ende nimmt er alles zurück, und man muß schrecklich hohe Zinsen bezahlen."
„Ich weiß es auch", sagte ich. „Und wie gut ich das weiß! Das Schlimmste ist nur, daß so viele Leute es nicht wissen."
„Dem stimme ich hundertprozentig zu", meinte Julio. „Ich bete unablässig darum, daß mehr Leuten die Augen über die Listen des Teufels geöffnet werden. Was ich Ihnen jetzt erzählen will, zeigt, wie raffiniert er seine Fallen stellt und wie leichtsinnig ein junger Mensch hineintappen kann."
Dann erzählte mir Julio seine fast unglaubliche Geschichte.

Ich drang so tief in die okkulten Dinge ein, daß ich der jüngste Guru in der westlichen Welt wurde und einer der bedeutendsten und machtvollsten dazu. Zweimal wöchentlich machte ich im Fernsehen eine Joga-Sendung. Hatha-Joga klingt wie eine nette kleine Zusammenstellung von Übungen; jedermann meint, es handle sich nur um Gymnastik. Aber ich muß dringend davor warnen, es so harmlos einzuschätzen; es ist nur der Anfang einer teuflischen Falle. Nachdem ich ein Hatha-Joga-Lehrer geworden war, zeigte mir mein Guru, daß diese Übungen nur eine Wirkung haben: Sie wekken im Menschen den Appetit für das Okkulte. Es ist wie bei Marihuana; es führt nur zu einer Droge, die schlimmer und stärker ist und die eine so große Abhängigkeit schafft, daß nur Christus wieder davon befreien kann.

Viele Leute meinen, daß die Macht des Okkulten lediglich die Macht des Willens ist. Das stimmt aber nicht. Es gibt einen Punkt, wo die Willenskraft aufhört und dämonische Kräfte den Menschen überwältigen. Die Astrologie zum Beispiel beginnt mit reiner Astronomie, mit der Position der Sterne und Planeten und verschiedenen Daten und Winkeln. Aber dann kommt der Punkt, wo die Information zu Ende ist und die Deutung auf die einzelne Person angewendet werden muß, deren Horoskop man liest. Hier kommen die Astrologen alleine nicht mehr weiter, und sie brauchen Hilfe. Und diese Hilfe kommt nicht von Gott, denn er will nicht, daß wir in die Zukunft sehen, es sei denn, daß er sie uns selbst offenbart. Und so öffnet man sich bei der Astrologie dämonischen Einflüssen. Die Dämonen wissen allerhand über die Zukunft. Der Teufel versucht, unser Verlangen nach diesem Wissen zu wecken. So bieten hier die Dämonen übermenschliche Hilfe bei der Deutung des Horoskops an und verschaffen sich damit Zugang zum Menschen. Dahin war ich in Bolivien gekommen. Hieran sehen Sie, inwiefern die Welt des Okkulten mit ihrem Versprechen, alle Träume zu erfüllen, jenem Papaya-Baum gleicht. Ich war noch nicht richtig erwachsen, als sich mir schon die Türen öffneten und ich in den USA Medizin studieren konnte. Dort kam ich schon bald in die medizinischen Vorsemester in Los Angeles, aber gleichzeitig konnte ich Dinge tun, die kein anderer fertigbrachte. Ich konnte Menschen hypnotisieren, ihnen mit den Augen meinen Willen aufzwingen und sie Dinge tun lassen, wie ich es wollte.

Ich wußte Dinge voraus, ehe sie sich ereigneten. Ich konnte befremdliche Dinge geschehen lassen. Ich konnte mich durch Gedankenübertragung mit anderen Menschen verständigen, selbst wenn sie kilometerweit entfernt waren. Und ich konnte

mir mein Studienwissen aneignen, ohne zu lernen.
So stand es um mich, und alle meine Träume schienen wahr zu werden! Es sah ganz so aus, als ob der Okkultismus der Schlüssel für die Erfüllung meines Herzenswunsches sei. Ich hatte den Punkt erreicht, den die Tibeter das Nirwana und die Okkultisten im Westen das letzte Wissen nennen. Es war der Punkt, wo ich so eins mit den Dämonen war, daß ich ohne bewußte Anstrengung Dinge im voraus wußte und Dinge geschehen lassen konnte. Ich zog meine Informationen und meine Kräfte aus übernatürlichen Quellen.
In Wahrheit war ich in die USA geschickt worden, um dort das erste offizielle okkulte Krankenhaus in diesem Land errichten zu helfen. Ich gehörte zu der Hierarchie der führenden okkulten Organisationen der gesamten westlichen Welt. Tatsächlich bekam ich zwei Monate nach meiner Ankunft in den USA einen Brief meines Guru aus Bolivien. Darin teilte er mir mit, daß sein Guru gestorben sei und daß nun er und ich die ganze Verantwortung für die Verbreitung von Joga in seiner tiefsten Ausprägung über die ganze westliche Welt hätten.
Mein Guru hatte den Decknamen Nero. Ich hatte den Namen Parrot. Wir beide waren jetzt die einzigen Menschen im Westen mit solcher übernatürlicher Kraft und solchem übernatürlichen Wissen. So bin ich jetzt ein lebendiges Zeugnis für die wunderbare Macht Jesu Christi. Wenn er mich bekehren konnte, kann er auch jeden anderen Menschen verwandeln!
Meine neue Tätigkeit war gefährlich und kompliziert. In wenigen Monaten hatte ich etwa fünfzehn Joga-Schüler so weit gebracht, daß sie neben ihrem Studium selber Joga lehren konnten. Als ich nach Amerika kam, wollte ich wissen, was sich hier im okkulten Bereich so alles tat. Daher nahm ich

Verbindung mit verschiedenen Gurus in allen möglichen Gegenden der Vereinigten Staaten auf. Ich stellte fest, daß sie keine Ahnung hatten! Verglichen mit dem, was ich gelernt hatte, waren sie blanke Stümper. Ich erinnere mich da an den Besuch eines Gurus bei mir in Los Angeles. Als meine Joga-Schüler ihm eine Vorstellung gaben und ihm zeigten, was sie bei mir gelernt hatten, war er völlig außer sich, daß ich junger Kerl ihnen so viel beigebracht hatte.

Neben meinem medizinischen Vorstudium gab ich an verschiedenen Schulen, Oberschulen und Colleges Unterricht in okkulten Disziplinen.

Mir gelang einfach alles. Aber Sie wissen, daß der Teufel nicht wie Gott ist. Beim Teufel wissen Sie nie, wann die Magie auf den zurückschlägt, der sie ausübt, und alles zusammenbricht. Das widerfuhr mir bald. Auf einmal geschahen Dinge, die ich nicht mehr verstand. Unter meinen Joga-Schülern gab es schwere Zerwürfnisse. Sie bildeten Gruppen untereinander. Einige beschlossen, aus meinem Joga-Kurs auszuscheiden. Einer von ihnen war ein jüdischer Student mit Namen Aaron. Ich hatte meine Schüler so in der Gewalt, daß Aaron, als er zu mir kam, um mir mitzuteilen, daß er ausscheiden wolle, mit überlauter Stimme sprach und Angst hatte. Ich muß zugeben, daß ich wegen meiner Macht über meine Schüler sogar manchmal der zweite Charles Manson genannt wurde. Die Mau-Maus in New York waren grausam mit ihren Messern und Schießeisen. Wir waren es mit etwas noch Üblerem und Schrecklicherem: mit der Macht der Dämonen. So überraschte ich Aaron, als er mir eröffnete, daß er nichts mehr mit dem ganzen Bereich des Okkulten zu tun haben wollte, mit der Antwort: „Darüber bin ich sehr froh." Ich überraschte mich selbst damit, denn merkwürdigerweise war ich wirklich froh darüber, daß Aaron nicht weiter in

den Okkultismus vordringen wollte. Ich spürte ein plötzliches Glücksgefühl darüber, daß er dem entrann.
Auch andere Teilnehmer schieden aus, und auf einmal tauchten in der ganzen Arbeit die heftigsten Spannungen und Schwierigkeiten auf. Da passierten die unheimlichsten Dinge, auf die ich hier gar nicht alle eingehen kann. Nur soviel sei hier gesagt, daß ich mit meinen Nerven völlig am Ende war und daß die Ängste, die mich verfolgten, seit ich mich mit okkulten Dingen eingelassen hatte, ständig wuchsen.
Nach vier Wochen mußte ich mich in ärztliche Behandlung begeben. Ich bekam Pillen, aber es war keine Ursache zu finden.
Ich fühlte mich allmählich sehr schwach und hilflos. Wie Menschen so etwas manchmal spüren, wurde mir auf einmal klar, daß ich sterben würde – jawohl, sterben! Ich kann Ihnen nicht sagen, woher ich dieses Wissen hatte. Ich wußte es einfach. Wenn es bei einem Menschen ans Sterben geht, erwartet man, daß er sich an seine Freunde hält, bei ihnen Hilfe und Stärkung sucht. Ich hatte keine Freunde; ich war viel zu beschäftigt gewesen, um für Freunde Zeit zu haben. Ich hatte meine Schüler. Ich ließ sie zu einer dringenden Besprechung kommen, und ich war so schwach, daß sie mich ins Bett schleppen mußten. Ich war noch keine zwanzig Jahre alt und mußte schon sterben. Meine Schüler fragten mich, ob sie einen Pfarrer holen sollten. Nein, sagte ich, ich will niemanden sehen. Ich will nur in Frieden sterben. Sie legten eine Platte für mich auf, von der sie wußten, daß ich sie sehr gern hatte, ich sagte ‚Auf Wiedersehen', schrieb einen Abschiedsbrief und legte mich zum Sterben hin.
Ich spürte den Schatten des Todes. Es war kein Gefühl des Friedens! Es war ein gräßliches Gefühl. Ein Gefühl der fortwährenden ewigen Verdammung.

Ich versuchte, mich an den Versprechungen aus der okkulten Welt aufzurichten. Ich dachte an die Wiedergeburt, die ich so eifrig gelehrt hatte. Ich redete mir ein, daß mein Auftrag für dieses Leben erfüllt sei und daß ich mich für die nächste Reinkarnation bereithalten müsse. Aufgrund meiner beachtlichen Leistungen in okkulten Disziplinen müsse ich ja für ein weit besseres neues Leben ausgerüstet sein – aber mit einem Mal gab das alles keinen Sinn mehr.

Ich hatte das Gefühl, an einen Ort hinunterzusinken, dessen Schrecklichkeit mit Worten gar nicht beschrieben werden kann. Ich hatte geglaubt, durch meine besonderen Kenntnisse und Fähigkeiten gegen den Tod gewappnet zu sein. Aber an diesem Punkt angekommen, erwiesen sie sich als genauso trügerisch wie die Äste des Papaya-Baumes – alles schien unter meinem Zugriff zu zerbrechen, und was ich in meiner Reichweite gewähnt hatte, entzog sich mir plötzlich. Ich meinte zu fallen, zu fallen, zu fallen – und verlor das Bewußtsein.

Als ich am nächsten Morgen die Augen aufschlug, waren meine Schüler alle noch da. Sie hatten die ganze Nacht durch für mich gebetet. Wir hatten in unseren okkulten Riten so viele Götter, und ich weiß nicht, an wen sie ihre Gebete gerichtet hatten. Eines aber weiß ich ganz bestimmt: Einer von ihnen muß zu Jesus gebetet haben, und er in seiner unbegreiflichen Gnade hatte dies Gebet erhört.

Ich öffnete die Augen und hörte in mir eine Stimme. Ich wußte nicht, wessen Stimme es war, aber heute weiß ich, daß es die Stimme des Herrn war. Er sagte:

Julio, du bekommst noch einmal eine Chance. Und dann ist es aus.

Ich überlegte, was das bedeuten sollte, ob es mein Bewußtsein oder mein Über-Bewußtsein sei, das mir eine Botschaft brin-

gen wollte. Aber das wußte ich, daß es gut wäre, darauf zu hören.
Ich trat kürzer. Meinen Unterricht brach ich ab und überließ ihn meinen fortgeschrittenen Schülern. Ich schränkte meine Aktivitäten so sehr ein, daß sich der ganze Kurs auflöste. Zu meinen Schülern sagte ich: „Von jetzt an machen wir etwas ganz Neues. Ich werde überhaupt keinen Unterricht mehr geben. Jeder von euch wird seine Übungen und Studien künftig alleine fortführen."
Als ich das ganze Werk aufgab, für dessen Aufbau ich mich seinerzeit so abgeschunden hatte, fühlte ich eine neue und ganz andersartige Kraft in mir wachsen, die ich noch nie erfahren hatte. Ich dachte, es sei die Kraft meines eigenen Ichs, aber das traf nicht zu. Als ich meine Schüler gehen ließ und ihnen sagte: „Ihr seid frei", da fühlte auch ich selbst eine große Erleichterung. In mir regte sich ein neues Leben, das mich voller Freude all die Dinge aufgeben ließ, die ich bis dahin getan hatte. Der Teufel mochte dies allerdings gar nicht!
Ich fühlte mich elend. Die Kopfschmerzen, die ich bis vor kurzem gehabt hatte, kamen wieder und wurden noch schlimmer; es war schecklich. Ganz plötzlich war ich auch finanziell am Ende. Alles entwickelte sich zu meinen Ungunsten.
Eines Tages stand ich vor der Universität mit meinen Büchern unter dem Arm. Da ging ein Mädchen vorbei, das einen Poncho anhatte. Der Poncho wirkte so heimatlich-vertraut auf mich, daß ich das Mädchen ansprach, als es wieder zurückkam und diesmal ganz nahe an mir vorbeiging. Ich fragte es:
„Ist der Poncho aus Bolivien?"
Ich weiß nicht, warum ich das fragte. Es fiel mir gerade so ein, das Mädchen anzusprechen. Das Mädchen, später erfuhr

ich, daß es Cathy heißt, blieb stehen und lächelte. Es beantwortete meine Frage mit „Ja".

Nun bin ich kein ängstlicher Mensch. Normalerweise fällt es mir nicht schwer, mit irgend jemandem zu sprechen, aber in diesem Augenblick war meine Zunge wie gelähmt, und ich konnte kein Wort sagen. Schließlich ging Cathy weg.

Dann kannte ich mich auf einmal selber nicht mehr. Einige Freunde standen bei mir. Sie waren früher meine Schüler gewesen, aber nun gab ich ja keinen Unterricht mehr, und sie waren meine Freunde geworden. Zu ihnen sagte ich: „Ich renne ihr nach."

Einer der Studenten sagte: „In Amerika macht man das nicht!" Ich entgegnete: „Mir ist es egal, was sich in Amerika gehört!", warf meine Bücher auf den Rasen – es waren einige Okkultismus-Bücher, die ich noch hatte, und einige chemische und medizinische Fachbücher – und rannte los.

Im Grunde rannte ich gar nicht hinter Cathy her. Sie ist ein hübsches Mädchen, aber sie wurde nie meine Freundin. In Wirklichkeit rannte ich hinter Jesus her. Was mich an Cathy so angesprochen hatte, war Jesus in ihr. Als ich meine Bücher hingeworfen hatte, sagte ich zur Welt: „Mir ist es egal, was ihr denkt, und ich bin mit allem fertig, was ihr für richtig haltet." Es war, als hätte ich Jesu Ruf gehört: „Folge mir!" Und hätte darauf alles hingeworfen.

Ich rannte fast einen Straßenzug weit und hätte Cathy beinahe verpaßt. Aber schließlich entdeckte ich sie doch, holte sie ein und sagte: „Entschuldigen Sie, ah – ich weiß nicht – hoffentlich denken Sie nicht, daß ich mich über Sie lustig machen wollte oder so."

Da fragte Cathy: „Woher wissen Sie, daß ich gläubig bin?"

Ich begann schon wieder zu erstarren. Mir wurde klar, daß hier etwas geschah, das sich völlig außerhalb meines Einfluß-

bereichs abspielte. Zu Cathy sagte ich: „Ich wußte nicht, daß Sie gläubig sind."
„Aber", fragte Cathy, „warum haben Sie mich dann gefragt, ob ich gläubig (a believer) sei, wenn Sie keinen Scherz machen wollten?"
Hier hatte Gott nun ganz bestimmt ein Wunder getan! Als ich Cathy gefragt hatte: „Ist dieser Poncho aus Bolivien?", stand ich höchstens drei Meter von ihr entfernt. Gut, ich weiß, daß ich einen starken Akzent in meinem Englisch habe, aber so schlecht ist meine Aussprache nun auch wieder nicht, daß meine Frage hatte klingen können: Sind Sie a believer (gläubig)? Ich entsinne mich auch, bei meiner Frage auf ihren Poncho gezeigt zu haben. Aber Gott hatte Cathy nicht das verstehen lassen, was mein Mund sprach, sondern was mein Herz fragte. Als ich mich dem Okkultismus zugewandt hatte, da hatte ich verzweifelt nach etwas gesucht, wußte aber selber nicht, wonach. Jetzt weiß ich, daß ich hinter dem allem nach Gott gesucht hatte. Mir fällt da auch ein, daß ich eines Tages so lange fasten wollte, bis ich Gott buchstäblich gesehen hatte. Ich glaube, ich hatte erwartet, er komme als sichtbare Gestalt ins Zimmer und sage: „Na, Julio, wie geht's denn so?" Aber das geschah natürlich nicht. Wer Gott sehen will, muß erst glauben. Jetzt sah ich, ohne es zu wissen, den Einen, der unsere Herzen hungern läßt, bis wir bei ihm unseren Hunger stillen.
So fragte ich Cathy jetzt: „Ja und, sind Sie denn gläubig?"
„Ja", antwortete sie. „Und Sie?"
„Ja, schon", meinte ich. „Ich bin auch gläubig." Cathy fragte nicht, was ich glaubte. Damals glaubte ich so mancherlei, Richtiges und Falsches.
Am nächsten Tag machten Cathy und ich einen Spaziergang. Ich begann, ihr alles vom Okkultismus zu erzählen, was ich

davon kannte, obwohl ich es damals nicht Okkultismus nannte, weil ich schon das Wort gar nicht kannte. Ich wußte ja noch nicht einmal, daß ich für den Teufel arbeitete. Ich glaubte damals ja nicht einmal, daß es den Teufel überhaupt gebe. Ich vertrat die Ansicht, daß es im Leben böse Kräfte gebe, die die guten bekämpfen. Der erste Trick des Teufels ist ja immer, die Leute glauben zu machen, es gebe ihn nicht.

Cathy hörte sich alles sehr aufmerksam an und lud mich schließlich ein, mit ihr in einen Gottesdienst zu gehen. Ich fragte, ob mein Guru auch mitkommen dürfe, und wir gingen zusammen hin.

Den Gottesdienst hielt Kathryn Kuhlman. Als mein Guru und ich zuhörten – ich mußte ihm vieles übersetzen –, spürten wir eine Macht in uns wirksam werden, die uns völlig neu und die ganz anders war als alles, was wir kannten.

Als wir Menschen sahen, die von allen möglichen Krankheiten und Sorgen befreit wurden, verging uns Hören und Sehen. Überall um uns herum wurden Menschen geheilt, geheilt, GEHEILT! Wir hielten so etwas für unmöglich. Zum ersten Mal erfaßte uns die wirkliche und wahre Macht Gottes.

Ich hatte mich früher auch schon in Heilungen versucht, ehe ich zum Herrn gefunden hatte. Ich suchte verzweifelt nach Möglichkeiten, den Kranken zu helfen – Hypnose, Magnetismus, alle Arten von Psychotherapie – aber es half nichts. Einige von uns hatten hin und wieder einmal einzelne kleine Erfolge. Ich hörte, daß ein Guru einen Krebskranken geheilt habe, und hielt das für wunderbar. Ich versuchte ähnliches zu erreichen, war aber unfähig dazu. Der Teufel mag hin und wieder jemanden heilen, aber was er wirklich will und wofür er seine ganze Kraft einsetzt, das ist die Seele des Geheilten. Denn Heilen ist gegen seine Art, so wie es dem Wesen Gottes entspricht, zu heilen und wiederherzustellen.

Als ich Leute sah, die in Kathryn Kuhlmans Gottesdiensten wirklich Heilung gefunden hatten, griff mir das ans Herz. Ich hatte einen ganz neuen Bereich betreten, der sich von allem mir bisher bekannten so unterschied, als ob ich in eine andere Welt gekommen sei. Gott begann an und in mir zu arbeiten. Behutsam, ganz behutsam setzte er an, brach meinen Widerstand und zeigte mir seine Liebe und Macht.
Nach dem Gottesdienst war ich ganz durcheinander. Ich wußte nicht, was ich von dem allen halten sollte, genausowenig wie mein Guru. Wir hatten so viele Leute gesehen, die geheilt und verändert worden waren. Und auch mit mir war etwas vorgegangen. Lange schon hatte ich Schmerzen und Schwierigkeiten mit meinem Rücken gehabt. Jetzt, während dieses Gottesdienstes, spürte ich, daß er wieder geheilt war. Die Heilung hielt an, was ein Zeichen dafür ist, daß Gott nicht nur Menschen heilt, weil sie glauben, sondern daß er es auch tun kann, um einem Menschen zu zeigen, wie sehr er ihn liebt, damit er zum Glauben findet.
Am nächsten Tag gingen wir beide zu einer kleinen Gebetsversammlung. Es waren etwa fünfzehn Menschen dort. Sie alle fielen auf die Knie, und jeder betete. Auch ich betete. Ich glaubte an alle möglichen Geister, Mächte und Dämonen, aber glücklicherweise merkte niemand, wie weit ich noch von der Wahrheit entfernt war. Wenn sie aber verstanden hatten, was ich sagte, dann ließen sie es nicht zu, daß es Götzengebete wurden und beteten deshalb gerade für mich. Nach etwa einer Stunde waren nur noch zehn Leute da. Sie legten jedem die Hände auf, der um ihr Gebet bat. Ich hatte noch solche Kopfschmerzen, und so dachte ich: „Warum soll ich es nicht versuchen?" Und dann sagte ich zu den Gläubigen: „Gut, ihr könnt für mich beten."
Ich setzte mich in den Stuhl, wo sie jedem, der die Fürbitte

erbat, die Hände auflegten, und alle stellten sich um mich herum. Es waren junge und alte Leute und solche mittleren Alters.

Als sie um mich herumstanden und mir ihre Hände auf den Kopf legten, begann etwas Seltsames. Ich spürte entsetzliche Gefühlswallungen in mir, und in dem Zimmer schien sich alles zu drehen. Eine explosive Spannung wuchs in mir.

Ich weiß heute, daß Gott in jenem Augenblick begann, all die magischen und sonstigen okkulten Verstrickungen, die so tief in meinem Innern verwurzelt waren, hinauszutreiben. Die Mächte der Finsternis in mir standen nun Gott gegenüber. Gott vertrieb den Bösen, und ich war das Schlachtfeld. Ich meinte zu spüren, daß jede okkulte Disziplin durch einen eigenen Dämon vertreten war, der die Hand auf meine Seele gelegt hatte.

Einige der Anwesenden begriffen nicht, was in mir vorging, und gingen weg. Aber es waren zwei Damen da, die die Dämonen in mir erkannten und bei mir aushielten. Es war gerade so, als ob Gott den Dämonen befohlen hätte: „Fahrt aus diesem Menschen aus und überlaßt ihn mir."

Mein Körper wurde geschüttelt, und das Zimmer drehte sich um mich. Mir kam es vor, als ob ein elektrischer Schlag durch alle meine Glieder führe und mich betäube. Der Herr schien mir eine Narkose vor der Operation zu geben. Ich bin überzeugt, daß er mich so davor bewahren wollte, daß die Dämonen mich noch quälen würden, als er sie austrieb. Die beiden Damen hatten Erfahrung im Umgang mit Besessenen und darin, ihnen bei der Befreiung von den bösen Mächten beizustehen. Eine von ihnen setzte sich auf das Sofa, als ob sie ganz einfach warten wolle, was der Herr tun werde. Die andere kam auf mich zu, und da fühlte ich Gottes Kraft in mich kommen. Sie schlug in meinem Kopf wie ein Blitz

ein und zog von dort durch meinen Nacken hinunter in den Körper hinein. Ich wurde vom Stuhl geschleudert. Ich fiel flach auf den Boden und lag dort wie angenagelt.
Nach einiger Zeit konnte ich mich aufrichten und hob irgendwie die Arme. Ich hatte noch nie meine Arme zum Herrn erhoben. Ich spürte, wie die Dämonen mich verließen. Mein Kopf schien wie gespalten.
Gleichzeitig mit dem Gefühl, die Dämonen führen aus wie ein elektrischer Schlag, der durch den Körper schoß, spürte ich noch etwas anderes. Es war wie ein Donnerschlag, der meinen ganzen Körper erzittern ließ. Fast eine Stunde lang hielt ich meine Hände zum Herrn erhoben und spürte seine ungeheure Kraft, die mich erfüllte.
Zuerst verstand ich natürlich nicht, was da mit mir geschah. Dann kam jemand ins Zimmer herein und rief: „Du bist befreit worden. Du bist vom Heiligen Geist erfüllt worden!“
Später wunderte ich mich sehr darüber, wie dies ausgerechnet mir geschehen konnte, der ich doch noch gar nicht begriff, worum es hier ging. Aber die Bibel lehrt uns, daß Gott die Wünsche unseres Herzens kennt. Nach all den Jahren meiner nutzlosen Suche nach Gott fand er mich! Sie denken vielleicht, dies sei jetzt das Ende meiner Geschichte, aber es ist erst der Anfang. Am nächsten Tag setzte mir Cathy auseinander, daß ich sämtliche okkulten Praktiken aufgeben müsse. Ich brauchte etwas Zeit, bis ich begriff, daß sie recht hatte. Ich hatte bereits einige Dinge aufgegeben, von denen ich inzwischen wußte, daß sie ungut sind. Aber einige andere hatte ich beibehalten. Ich sah schließlich ein, daß ich sämtlichen okkulten Praktiken einer nach der anderen absagen mußte, so daß der Dämon jeder einzelnen ausgetrieben werden konnte, bis auch der letzte vertrieben war.
Wenige Wochen später konnte ich meinen Guru von allen

Dämonen befreien. Wir machten beide die Beobachtung, daß jeder, der in okkulte Dinge verstrickt gewesen sei, drei Dinge mit den okkulten Praktiken tun muß: 1. Er muß diese Sünde laut bekennen. 2. Er muß den Dämonen absagen. 3. Er muß beten und im Namen Christi jedem Dämon befehlen, ihn zu verlassen. Es ist dabei sehr hilfreich, jemanden zu haben, der für einen betet, wenn man dies tut. Aber man kann selber den Dämonen in der Vollmacht und im Namen des Herrn befehlen, einen zu verlassen.

Mein Guru und ich wurden uns auch darüber klar, daß wir unsere okkulten Bücher verbrennen mußten, so wie es in der Apostelgeschichte 19,18-20 geschildert ist. Sie können mir glauben, daß das nicht einfach war, nachdem wir schon so lange diese Bücher gelesen und mit ihnen gelebt hatten. Wir hatten Tonbänder, Bücher, Bilder – okkultes Material, das Tausende von Dollars wert war. Als wir sie eines Nachts in die Flammen warfen, sah ich meinen Guru an, der auf der anderen Seite des Feuers stand. Ihm standen Tränen in den Augen. Da ging ich zu ihm und sagte: „Ich weiß, Nero, es tut auch mir weh." Aber uns schmerzte nicht der Wert all dieser Dinge, die wir verbrannten, uns schmerzte es, daß wir so schrecklich verblendet gewesen waren.

„Ich muß nach Südamerika zurück", sagte Nero. „Meine Frau, meine Kinder, meine Verwandtschaft und Hunderte von Menschen dort sind durch mich zum Okkultismus geführt und darin verstrickt worden. Ich muß zu ihnen gehen und sie zu Christus führen."

Als ich meinen Schülern sagte, alles, was ich ihnen beigebracht hatte, sei Teufelswerk gewesen, wurden sie mir sehr böse; und eine Zeitlang war ja auch ich meinem Guru böse gewesen. Es war keine einfache Sache zu wissen, daß wir Teufelswerk gelehrt hatten. Aber als wir die Bücher, Tonbän-

der und Bilder verbrannt hatten, kam der Friede Gottes auf uns, und alle Bitterkeit verschwand.
Nach der Verbrennung unserer Bücher stand mir der Herr bei, meinen früheren Schülern einem nach dem anderen zu helfen, bis die meisten wieder davon loskamen. Einer um den anderen ließen sie sich taufen und empfingen die Segnungen, die ich erfahren hatte. Es war beglückend, Gottes Wirken verfolgen zu können.
Auf dies möchte ich aber mit Nachdruck hinweisen: Die Befreiung allein ist noch gar nichts! Der schwere Teil ist, frei zu bleiben! Bald schon wurde das Leben für mich schwierig, qualvoll und verwirrend. All die Erinnerungen, all die verwickelten okkulten Vorstellungen stürmten wieder auf mich ein, und ich mußte sie immer und immer wieder verscheuchen.
Die Auseinandersetzung mit dem Teufel war schwer. Ich spürte seinen fortwährenden Zugriff. Ich kenne sein Wirken. Da kommen die Ängste, die Einsamkeit, das Gefühl der Trennung von den anderen, die Verzweiflung, ja auch Selbstmordgedanken und vieles andere. Ich spürte die Dämonen wiederkommen.
Nero machte dasselbe durch, und so gingen wir täglich in Gebetsversammlungen, um zu beten und Fürbitte zu empfangen. Es war eine verzweifelte Zeit. Kam ich nachts nach Hause, hatte ich den Eindruck, der Teufel wolle mich erschrecken. Ich weiß, daß er mich nicht verlieren wollte, und ich hörte ihn sagen: „Entweder gehörst du mir oder niemandem."
Ich weiß, daß der Teufel mich umbringen wollte. Er versuchte, mich durch die verschiedensten Dinge, die mir zu schaffen machten, zum Wahnsinn zu treiben. Er tat wahrhaftig sein Bestes, um mich in seinen Machtbereich zurückzuholen. In

manchen Nächten konnte ich im Bett spüren, daß die Möbel in meinem Zimmer sich bewegten. Ich hörte Leute umhergehen, obwohl ich wußte, daß niemand da war, und mein Herz klopfte immer heftiger. Ich mußte den Namen Jesu so lange laut rufen, bis die Dämonen mich verließen.
Ich las in der Bibel, was sie über den Teufel sagt: „Seid nüchtern und wachet; denn euer Widersacher, der Teufel, geht umher wie ein brüllender Löwe und sucht, wen er verschlinge. Dem widersteht, fest im Glauben ..." (1 Petr 5,8 und 9). Und ich sagte: „Ich habe keinen Glauben, ich kann nicht mehr glauben. Ich bin früher so hinters Licht geführt worden, woher soll ich wissen, daß es diesmal die Wahrheit ist?" Wie Sie sehen, war ich völlig durcheinander.
Aber Petrus fährt fort: „Dem widersteht, fest im Glauben, und wißt, daß ebendieselben Leiden über eure Brüder in der Welt gehen. Der Gott aller Gnade aber, der euch berufen zu seiner ewigen Herrlichkeit in Christus Jesus, der wird euch, die ihr eine kleine Zeit leidet, aufrichten, stärken, kräftigen, gründen" (1 Petr 5,9 und 10). Als die Bedrängnisse kein Ende nahmen, merkte ich, daß ich langsam innerlich kräftiger wurde. Je mehr ich zum Herrn betete, um so mehr wurde ich auch fähig, dem Teufel gegenüber standfest zu sein. Ich wurde zunehmend stärker. Der Herr gründete mich im Glauben, vervollkommnete mich, bestärkte und festigte mich im Vertrauen auf ihn.
Ich las eifrig die Bibel und erfuhr die ganze Wahrheit über den Teufel und sein Wirken. Und nach einiger Zeit, wenn ich nach Hause kam und der ganze Zauber mit dem Schaukeln meines Bettes und dem Wandern der Möbel anfing, dann lag ich auf meinem Bett und sagte lediglich: „Dank sei dir, Jesus! Ehre sei Gott! Herr, ich preise dich!" Und er gab mir Frieden und Ruhe, wie er es in der Schrift zugesagt hat.

Dann mußte ich auch von meiner Erinnerung befreit werden. Im Gebet, allein und zusammen mit meinen neuen christlichen Freunden, beim Lesen der Bibel und in der Bezeugung meines Glaubens, kam auch dies in Ordnung. Die alten Erinnerungen an all die Dinge aus der teuflischen Welt verloren langsam ihre bohrende Spitze. Wenn ich daran dachte, konnte ich Gott für meine Erlösung davon danken.
Ich habe von meinem Kindheitstraum erzählt, Arzt zu werden. Als ich Christus gefunden hatte, gab ich alles auf, was ich vorher getan hatte, auch die vormedizinischen Studien. Ich gab mein ganzes Leben ihm. Einige Zeit später stellte ich fest, daß Leute, für deren Gesundung ich betete, geheilt wurden. So schenkte mir der Herr meinen Kindheitstraum zurück, erfüllte ihn aber großartiger, als ich es hätte hoffen oder denken können.

„Julio“, sagte ich, als er mit seiner Geschichte fertig war, „was Sie mir eben erzählt haben, wird Leuten helfen, die Sie nie sehen werden, ehe Sie in die Ewigkeit eingehen.“
„Wenn Sie Ihr Buch schreiben“, rief Julio hinter mir her, als ich zum Flugschalter stürmte, „sagen Sie ihnen, daß die Dämonen wirklich Macht haben. Aber sie benutzen ihre Macht, um die Menschen zu zerschmettern, um sie davon abzuhalten, ihre wirklichen Probleme zu sehen. Als ich noch Joga betrieb, verfügte ich wirklich über erschreckende Macht. Aber all das ist nichts, verglichen mit dem, was Gott tun kann. Ehre seinem Namen!“
Ich rühme Gott, wenn ich an den wunderbaren Wandel dieses jungen Mannes denke, der früher andere zum Okkultismus führte. Ich habe mit Julio drei bis vier Stunden lang gesprochen. Ich fragte ihn, ob er seine Aussage auf Band sprechen und mir schicken wolle, damit ich sie in das Buch aufnehmen

könne. Und erfreulicherweise hat er das auch getan. Aber ich möchte Ihnen auch nicht vorenthalten, was Julio ganz am Anfang gesagt hat. Hier der Wortlaut des Tonbandes:

Nicky, ich habe noch nie in meinem Leben solche Pannen gehabt wie bei diesem Band. Ich habe wahrhaftig viele Tonbänder besprochen, aber ich hatte dabei noch nie solche Schwierigkeiten wie diesmal. Immer, wenn ich meinen Bericht aufnehmen wollte, kam etwas dazwischen. Einmal hat mir sogar unser Hund das Mikrofonkabel durchgebissen! Aber mit Gottes Hilfe habe ich es doch schließlich zum guten Ende gebracht.

Das erinnert mich an Mr. Benson und Lou und Lana. Auch die beiden hatten ihre Geschichte auf Tonband gesprochen – aber der erste Apparat nahm einfach nichts auf, der zweite funktionierte nicht, und sie mußten sich einen dritten besorgen. Nachdem sie die Aufnahme schließlich geschafft hatten, schickten sie sie mit der Post per Einschreiben ab und bekamen sie durchnäßt wieder. Meine Anschrift war vom Päckchen abgelöst. Die Post schickte es an sie zurück, weil Name und Anschrift des Absenders auf einer Ecke des Päckchens noch zu entziffern waren. So setzten sich die zwei noch einmal hin und diktierten das ganze Band von neuem. Dieses letzte Mal kam es, Gott sei Dank, sicher in meine Hände. Eine Botschaft ist mir durch all dies aufgegangen: Treue und Durchhaltungsvermögen zahlen sich aus. Wenn man nur lange genug aushält, dann schafft man es. Mit anderen Worten: „Laßt uns aber Gutes tun und nicht müde werden; denn zu seiner Zeit werden wir auch ernten, wenn wir nicht nachlassen“ (Gal 6,9).

18. Wo ist Sicherheit?

„Wir richten uns immer nach dem Horoskop", erzählten mir zwei Stewardessen, als wir uns über Okkultismus unterhielten. „Sie meinen doch wohl nicht im Ernst, daß es schaden könnte, die Horoskope in den Zeitungen zu lesen, oder?"

Ich muß zugeben, daß das alles harmlos genug aussieht. Aber die Horoskope sind Teil des gesamten okkulten Bereichs, den Gott in der Heiligen Schrift vom ersten bis zum letzten Kapitel verdammt. Wie ich Ihnen zu zeigen versucht habe, kann jeder Zweig des Okkultismus zu den anderen Disziplinen hinführen, und es ist auf jeden Fall ein gefährliches Unterfangen, sich auch nur an einer Ecke darauf einzulassen. Sie brauchen sich in dieser Sache aber nicht auf meine Aussage zu verlassen. Selbst wenn wir auch die Aussagen der Bibel einmal beiseite lassen, bleiben die Warnungen der Okkultisten selber. So macht z.B. der Fachmann in Okkultismus-Fragen, G. de Purucker, in seinem „Occult Glossary" (Verlag Theosophical University Press) im Abschnitt über Joga darauf aufmerksam, daß „bei jedem Schritt Gefahren lauern. Und der neugierige Dilettant zieht sich leicht erhebli-

che Schäden zu, gesundheitliche wie auch geistige und seelische." Und über die Hypnose schreibt er: „In neunhundertneunundneunzig von tausend Fällen ist es verkehrt und schädlich, sie anzuwenden." Diese Äußerungen stammen von einem Mann, der sein Leben lang fernöstliche Philosophie, Theosophie und das ganze weite Feld des Okkultismus eingehend studiert hat und genau wissen muß, was er da sagt.
Die Magierin Sarah Lyddon Morrison weist nachdrücklich darauf hin, daß „jede fremde Kraft, deren sich jemand leichtfertig, zufällig und ohne sorgfältige Überlegung bedient, möglicherweise auf ihn zurückschlägt und ihn zu Fall bringt . . . Wer durch Mißbrauch geistiger Kräfte Unordnung stiftet, setzt sich allen nur denkbaren schrecklichen Rückwirkungen aus." Im „Magischen Almanach" heißt es: „Wenn Sie Ihr psychisches Wahrnehmungsvermögen erst einmal wirklich erforschen, haben Sie einen Weg betreten, von dem es keine Rückkehr gibt."
Ein Mann namens G.H. Estabrooks lag in einem Militärkrankenhaus und wollte sich mit Psycho-Spielen die Zeit vertreiben. Er betrieb Autosuggestion und erreichte den Punkt, wo er bis fünf zählen und dann einen Eisbären „sehen" konnte, der seinen Gedanken-Befehlen gehorchte. Diesen Bären konnte er durch die Abteilung laufen lassen, in der er lag, auf seinen Befehl küßte er die Schwestern, ja er sprang sogar aus dem Fenster. Das Schlimme war, daß der Bär auch erschien, wenn Mr. Estabrooks es gar nicht wünschte. Nachts sprang er manchmal aus einer dunklen Ecke heraus oder erschreckte seinen „Herrn", indem er auftauchte, wo dieser niemals ein wildes Tier vermutet hätte. Schließlich wurde er seinen unliebsamen Begleiter durch eine mehrwöchige psychotherapeutische Behandlung wieder los, hatte aber bis dahin viel unter ihm zu leiden.

(Nach Raymond van Over, „Unfinished Man", Verlag World Publishing Company)
Wenn ich heute beobachte, wie viele Menschen mit ihrem Unterbewußtsein herumexperimentieren, dann wünschte ich immer, sie würden sich die Gefahren klarmachen, die all denen bestens bekannt sind, die sich auf diesem Gebiet auskennen. Vorausgesetzt, Sie glauben nicht an das Vorhandensein von Geistern und bezeichnen alles Psychische als Einbildung und Wahnideen – selbst dann würden Sie sich, wie das Beispiel von Mr. Estabooks zeigt, auf sehr dünnes Eis begeben, wenn Sie sich mit psychischen Dingen befassen.
Gegenwärtig ist eine junge Frau in einer Nervenheilanstalt in der Nähe von Baltimore, deren unerklärliches Leiden als „eine der eigenartigsten Erscheinungen gegenwärtiger Magie" bezeichnet wird. Bis vor wenigen Jahren war Barbara ein ganz normales junges Mädchen. Dann las sie ein Buch über Zauberei im sechzehnten Jahrhundert und wollte selber ein Experiment machen. An einem Novemberabend im Jahr 1968 zog sie einen magischen Kreis, zündete vier Kerzen an und begann einen magischen Ritus mit ihrer Lieblingskatze im Arm. Zuerst geschah nichts, außer daß die Katze ängstlich maunzte. Dann wurde die Katze – ihrem Tagebuch zufolge, in dem sie ihre Experimente protokolliert hat – merkwürdig still, und kurz darauf spürte sie, daß sie und ihre Katze die Körper getauscht hatten. Barbara streunte im Körper ihrer Katze durch Baltimore, bis sie wieder zu Hause war und irgendwie in ihren eigenen Körper zurückfand.
Ihrem Tagebuch zufolge schlug die Magie sie mehr und mehr in ihren Bann, und Barbara steigerte sich so in ihre Wahnvorstellung hinein, daß sie jederzeit in ihre Katze schlüpfen konnte. Dann, eines Nachts, geschah das für alle Unverständliche: Barbara sagte ihren Zauberspruch – und zwei Tage

später rief ein Nachbar die Rettungswache an, weil ihm das ständige Miauen in Barbaras Wohnung nicht geheuer war. Als sie die Tür aufbrachen, fanden die Sanitäter in der Wohnung nicht Barbaras Katze, sondern sie selber, die sich wie eine Katze benahm und miaute.

Es wurde eine Theorie aufgestellt, daß ein Lastwagen die Katze überfuhr, als Barbara in ihrer Gestalt durch die Stadt lief, und daß die Katze in Barbaras Körper in der Wohnung zurückblieb. Was auch immer geschehen ist, jedenfalls hat Barbara, Emile C. Schurmachers Buch „Witchcraft in America Today" zufolge, seither kein Wort mehr gesprochen. Sie schnurrt und miaut, leckt Milch aus einer Schale und ißt auf Händen und Knien Fischstücke vom Fußboden. Wenn sie wütend wird, kratzt und beißt sie wie eine Katze.

Während der abschließenden Arbeiten an diesem Buch wurde in Washington und New York der Film „Der Exorzist" gedreht. Nur wenige der Zuschauer, die diesen Film sehen, oder der Leser, die das Buch lesen, nach dem er gedreht ist, werden wissen, daß die Geschichte nach einem wirklichen Fall von dämonischer Besessenheit gedreht ist. In einem Haus in Washington wurden unbeschreibliche Geräusche gehört. Während ein vierzehnjähriger Junge im Bett lag und schlief, wanderte sein Bett mehrmals durch das Zimmer. Man holte einen Pfarrer ins Haus, um den Dämon durch exorzistische Riten auszutreiben. Während dieses Ritus schrie der Junge, fluchte und sprach Lateinisch, eine Sprache, von der er nichts wußte.

In diesen Zusammenhang gehört noch ein schwer erklärbarer Vorfall: Als der Film gedreht wurde, zeigte ein zwölfjähriges Mädchen in der Stadt Symptome, die denen des besessenen Kindes im Film glichen. Das Mädchen gab schließlich zu, das Buch gelesen zu haben. Wie viele andere Fälle von dämonischer Besessenheit, von eingebildeter und tatsächlicher, werden sich noch ereignen, ehe Amerikas okkulte Welle abebbt?

J. Stafford Wright berichtet von einer christlichen Versammlung, auf der irgend jemand vorschlug, einmal eine spiritistische Sitzung abzuhalten. Da wurde ein junger Mann unter den Anwesenden, der schon einmal an einer solchen Sitzung teilgenommen hatte, bei der bloßen Erwähnung des Ausdrucks „spiritistische Sitzung" heftig von einem Dämon geschüttelt.

Vor einigen Jahren verbrachte ein junger Araber in den USA viel Zeit mit mystischen Übungen und Experimenten mit psychischen Kräften. Nach einem Bericht des Magazins Time vom 4. April 1969 arbeitete er, bei Kerzenlicht vor einem Spiegel sitzend, ein Lehrbuch der Rosenkreuzer durch. Als er einmal in den Spiegel schaute und dort statt seines Gesichtes das von Robert Kennedy sah, meinte er, Kennedy müsse sterben. Und so erschoß der junge Mann namens Sirhan Sirhan den bekannten Senator bei der nächsten Gelegenheit.

Wir werden jetzt, wo das zwanzigste Jahrhundert seinem Ende zugeht, meiner Ansicht nach mehr und mehr befremdliche Dinge erleben. Im zweiten Thessalonicher-Brief findet sich eine bemerkenswerte Stelle über die Wiederkunft Christi:

„Laßt euch von niemandem verführen, in keinerlei Weise; denn zuvor muß der Abfall kommen und der Mensch der Bosheit offenbart werden, der Sohn des Verderbens. Er ist der Widersacher, der sich erhebt über alles, was Gott oder Gottesdienst heißt, so daß er sich in den Tempel Gottes setzt und vorgibt, er sei Gott" (2 Thess 2,3 und 4).

Paulus sagt, daß Christus nicht wiederkommen werde, ehe nicht der erste Abfall geschehe. „Abfall" bedeutet entweder

den Abfall vom christlichen Glauben oder die große Endauflehnung – oder beides. Wer ist „der Mensch der Bosheit“, der offenbar wird vor Christi Wiederkunft? Beachten Sie bitte, daß er „der Sohn des Verderbens“ genannt wird, daß er von sich behaupten wird, er sei Gott, daß er Gott widerstreben und sich über ihn erheben wird.
Es gibt sehr verschiedene Auslegungen derartiger Bibelstellen, die ich jetzt aber nicht erörtern möchte. Mich beeindruckt ganz einfach, wie diese Bibelstelle zu dem paßt, was wir gegenwärtig erleben. Überall Auflehnung und Unglaube. Es ist schick und modern, Gott und allem, was mit ihm zusammenhängt, zu widersprechen. Und auch der Satan wird in sogenannten „Satans-Kulten“ an Stelle Gottes verehrt; er und seine Dämonen werden in magischen Zirkeln auf der ganzen Erde beschworen.
Paulus fährt fort: „Denn es regt sich schon das Geheimnis der Bosheit; nur muß der, der es jetzt noch aufhält, weggetan werden, und dann wird der Böse offenbart werden. Ihn wird der Herr Jesus umbringen mit dem Hauch seines Mundes und wird ihm ein Ende machen durch seine Erscheinung, wenn er kommt. Der Böse aber wird in der Macht des Satans auftreten mit großer Kraft und lügenhaften Zeichen und Wundern und mit jeglicher Verführung zur Ungerechtigkeit bei denen, die verloren werden, weil sie die Liebe zur Wahrheit nicht angenommen haben, daß sie gerettet würden“ (2 Thess 2,7-10).
Der Böse, dessen Kommen hier angekündigt wird, setzt ein Werk fort, das schon in der Zeit des Neuen Testaments begonnen wurde. Aber die ganzen Jahrhunderte hindurch hat Gott den Satan zurückgehalten. Am Ende dieses Jahrhunderts wird er hervortreten, und ein paar Jahre lang wird ein Mann voller Sünde, ein Werkzeug des Satans mit teuflischer Macht,

jeden täuschen und zum Narren halten, der nicht aus tiefstem Herzen Gottes rettende Wahrheit glaubt und liebt. Solche Leute werden dann Lügen glauben und schlimmen Täuschungen zum Opfer fallen (vgl. Vers 11).
All dies scheint mir auf den Okkultismus in allen seinen Ausprägungen zuzutreffen. Gibt es irgend etwas, das so wie er voller Irreführungen, Verblendungen und Beweisen scheinbar wunderbarer Kräfte steckt? So wie dieses Jahrhundert abläuft, werden derartige Macht-„Beweise" mehr und mehr all die überzeugen, die nicht fest in Christus gegründet sind. Ich sehe es kommen, daß sich schon bald eine neue Religion über weite Teile der Erde verbreiten wird. Möglicherweise wird sie eine Mischung aus Magie, Spiritismus und fernöstlichen Kulten sein. Und es würde mich nicht überraschen, wenn sie auch christliche Elemente aufwiese. Auf diese Weise würde sie sehr viele halbüberzeugte Christen täuschen. Wie sie genau aussehen wird, weiß ich nicht, aber ich glaube mit Sicherheit, daß die Zeit für eine neue Verblendung reif ist.
Die einzigen, die in den kommenden Zeiten absolut sicher sein werden, sind die Christen, die Jesus lieben und hundertprozentig für ihn leben. Alle anderen werden eine leichte Beute der alten Schlange werden, die ein Lügner und Mörder vom Anfang der Zeiten her ist.
Und wir sind geschaffen, um ganz, absolut ganz für Jesus Christus zu leben. In Puerto Rico wird zur Zeit eine neue Religion modern. In dieser Religion wird der Geist einer verstorbenen Frau angebetet. Sie gebe, so wird behauptet, ihren Anbetern Führung. Luis Rosario hat mir von einer Christin erzählt, die Gott im Gebet anflehte, ihr ein Zeichen zu geben, ob sie sich auf diese Religion einlassen sollte. Luis sagte ihr: „Wenn Sie so beten, dann werden Sie bestimmt

eine Stimme hören, die Ihnen dazu rät, Sie sollten überhaupt nicht fragen, ob ein solcher Glaube richtig ist." Das ist ganz meine Meinung. *Fragen Sie gar nicht erst,* ob Sie sich mit einem Glauben befassen sollen, der auch nur irgendwie von dem abweicht, was die Bibel sagt. Lassen Sie sich auf nichts ein, was nicht mit dem Evangelium absolut übereinstimmt. Jeden Tag hört man von irgendeinem neuen Evangelium, das sehr verlockend klingen kann. Seien Sie nicht überrascht. Der Teufel weiß sich zu verstellen und wie ein Engel zu erscheinen (2 Kor 11,14). Wenn Sie das nächste Mal von einem neuen Evangelium hören, denken Sie an dieses Bibelwort: „Aber auch wenn wir oder ein Engel vom Himmel euch ein Evangelium predigen würden, das anders ist, als wir es euch gepredigt haben, der sei verflucht" (Gal 1,8).
Es werden Zeiten kommen, da falsche Propheten, falsche Christen und falsche geistliche Führer auftreten, die große Zeichen und Wunder tun, um Anhänger zu finden. So werden sie auch die Gemeinde des Herrn verwirren und viele täuschen, wie Jesus es in Mt 24,24 vorausgesagt hat.
Wenn Sie all dies sehen, sagen Sie da nur nicht, Sie seien nicht gewarnt worden!
Meine Beschäftigung mit okkulten Dingen hat mir eindeutig gezeigt, daß der Teufel, die Dämonen und auch die Leute, die okkulte Praktiken betreiben, wirkliche Macht ausüben. Aber obwohl die Macht des Bösen sich mehr denn je ausbreitet, sollten Christen meiner Ansicht nach ohne Angst leben. Wir stehen unter Jesu Schutz. Sein Blut, das er für uns vergossen hat, hat uns reingewaschen und ist Schild und Schutz gegen alles. Der Teufel hat sogar versucht, Jesus zu überwinden, aber er hat nicht einen Augenblick lang Erfolg gehabt. Der Teufel hat keine Macht über Jesus, und er hat keine Macht über irgend jemanden, der Jesus absolut vertraut.

Im Buch Hiob erbat sich der Teufel von Gott die Erlaubnis, Hiob mit so vielen Leiden zu schlagen, daß er am Ende Gott verfluchen und ihm absagen werde. Und Gott sagte zum Teufel: „Siehe, er sei in deiner Hand." Gott wußte, daß der Böse Hiobs Seele nicht antasten konnte. Denn Hiob liebte Gott und vertraute ganz auf ihn. Er mußte viel erleiden, aber das brachte ihn seinem Herrn nur um so näher, so daß er am Ende sagen konnte: „Ich hatte von dir nur vom Hörensagen vernommen; aber nun hat mein Auge dich gesehen" (Hiob 42,5).

Denken Sie immer daran, daß der Teufel Ihnen nur das antun kann, was Gott zu Ihrem Besten erlaubt; jede Versuchung und jedes Leid kann Sie noch näher zu ihm führen und Sie lehren, ihn besser zu erkennen.

19. Gott tut auch heute noch Wunder

Der Wecker schellte um Viertel nach sechs Uhr an jenem dunklen Freitagmorgen vor ein paar Wochen. Als ich den Wecker abstellte und die Decke zurückschlug, dachte ich: Jetzt noch einmal hinlegen! Beim Duschen und Rasieren war ich richtiggehend mürrisch. Ehrlicherweise muß ich zugeben, daß ich das Reisen oft gründlich satt habe. Ich fliege jährlich etwa zweihundertfünfzigtausend Kilometer, und nach einer gewissen Zeit hängt einem dieses dauernde Reisen über solche Entfernungen zum Hals heraus. Das Anstrengendste ist immer, vom Flugzeug direkt auf die Kanzel zu eilen. Wenn das, wie so häufig auf meinen Jugend-Kreuzzügen, der Fall ist, fühle ich mich manchmal schon ausgepumpt, ehe ich beginne.

Gloria muß meine Gedanken erraten haben, denn als sie mir eine Tasse Kaffee einschenkte, drückte sie fest meine Hand. „Du hilfst vielen Menschen, Jesus zu finden, Nicky“, sagte sie.

„Ich weiß“, nickte ich ihr zu. Ihm Menschen zuzuführen, ist das Große an den Kreuzzügen, die mich viele Wochenenden kosten. Aber als ich die Taschen nahm, die ich am Abend vorher gepackt hatte, und ins Auto lud, war ich immer noch knurrig.

Und als ich zum Flugplatz fuhr, stieg die mir schon vertraute Unlust wieder in mir auf. Die Autoabgase und der Gestank der Düsenklipper stiegen mir in die Nase, das Röhren der Autos, Taxis und Flugzeuge dröhnte mir in den Ohren, und ich fragte mich: *„Ist es all diese Hetze und Anspannung wert? Warum mache ich mich eigentlich so kaputt? Gibt es wirklich keinen einfacheren Weg, dem Herrn zu dienen?*

Mein Flugzeug startete um 8.00 Uhr und landete um 8.44 in Chicago. Die Anschlußmaschine startete um 10.10 Uhr und kam um 12.20 in Salt Lake City an. Dort flog ich um 13.48 Uhr mit der Maschine einer Grenzfluggesellschaft ab und kam gegen 15.00 Uhr in Rock Springs an, wo ich einen zweitägigen Kreuzzug halten sollte.

Eine Gruppe netter junger Mädchen und eine reizende Frau aus der Gemeinde empfingen mich herzlich am Flughafen. Diese freundliche Atmosphäre stand im Gegensatz zum weiteren Tagesverlauf. Während ich in einem Schnellimbiß ein Sandwich aß, konnte ich gar nicht anders, als die laute Unterhaltung am Nebentisch mitzubekommen. Ein kahlköpfiger Mann sagte: „Dieser Floyd Little! Er ist gar keine große Spielerpersönlichkeit, aber wenn der auf dem Football-Feld erst einmal loslegt, dann kann der rennen!“

Ein Dünner mit blondem Schnurrbart schüttelte seinen Kopf: „Ich stehe auf Roman Gabriel. Er bringt die Rams dieses Jahr an die Tabellenspitze; wir werden ja sehen, ob er’s nicht schafft!“ Da schalteten sich die beiden anderen Männer am Tisch in das Gespräch ein. Der eine von ihnen bestand darauf, Fran Tarkenton sei der größte Football-Spieler im Land, der andere pries Joe Namath über alles.

Ich habe nichts gegen den Sport, aber als ich die Männer so streiten hörte, konnte ich nur denken: *Wenn sie bloß an der Auseinandersetzung zwischen Christus und dem Satan auch solchen Anteil nähmen!*

Ehe ich den Schnellimbiß verließ, stellte ich mich noch den Football-Fanatikern vor. „Alles Gute", sagte der Kahlköpfige, als er hörte, weshalb ich in Rock Springs war. „Es gibt eine Menge Leute hier, die Prediger wie Sie nötig haben. Ich für mein Teil bin heute abend zum Bridge verabredet, und so werde ich nicht bei Ihrer Versammlung sein. Aber ich gehe zur Kirche und glaube an die ‚Goldene Regel'."

Ich war sehr bedrückt, als ich mich für die erste Veranstaltung fertig machte. So viele Leute schienen zu glauben, daß sie Christus nicht brauchen, wenn sie zur Kirche gehen oder nett zu ihren Nachbarn sind. Der Kreuzzug war an diesem wie am folgenden Abend gut besucht, aber ich mußte immer an die Leute denken, die zu keiner Veranstaltung gekommen waren. Wie viele der leeren Plätze im Saal bedeuteten Frauen und Männer, die meinten, daß sie den Weg in den Himmel irgendwie auch alleine finden würden?

Obwohl es mir im Grunde einerlei ist, ob ich vor fünfhundert oder vor zwanzigtausend Menschen spreche, war ich doch von dem gewaltigen Echo ergriffen, das die Einladung des Evangeliums an beiden Abenden fand. Als so viele junge und auch ältere Menschen nach vorne drängten, um zu bekennen, daß sie Christus als Herrn ihres Lebens annehmen wollten, meinte ich, wie schon oft bei diesen Anlässen, mein Herz müsse zerspringen.

Am nächsten Morgen flog ich schon früh nach South Bend im Staat Indiana weiter. Als wir die westlichen Prärien überflogen, unterhielt ich mich mit der Dame neben mir. Als ich ihr einiges über das Buch erzählte, an dem ich schreibe, sträubten sich ihr die Haare wie bei einer wütenden Katze. „Ich kann nicht an Dämonen und Teufel glauben“, sagte sie. „Und selbst, wenn Sie recht hätten, würde ein gütiger Gott sie in der Hölle quälen? Ich kann das einfach nicht glauben.“ „Meine Dame“, entgegnete ich, „ich *glaube nicht* an Dämonen, ich *weiß,* daß es sie gibt. Und ich würde es nicht gemein finden, sie dem Teufel zu überlassen, den sie lieben. Aber es steht Ihnen und mir nicht zu, über Gott zu richten. Er ist der Richter. Eines ist sicher: Es gibt keine Verdammung für die, die in Christus Jesus sind!“

Die Frau wandte sich ab, drückte auf den Klingelknopf und bestellte sich bei der herbeieilenden Stewardeß einen doppelten Martini. Mit mir sprach sie nicht mehr.

Als die Maschine in South Bend landete, war ich völlig niedergeschlagen. Aber die Gemeindeglieder, Frauen und Männer, die mich dort abholten, machten mir wieder Mut. Sie brachten mich nach Michigan, wo ich anläßlich eines großen Volksfestes für den Bezirk eine Erweckungsveranstaltung halten sollte. Edward Grayling und seine Frau luden mich so herzlich ein, die zwei Stunden, die ich bis zum Beginn der Versammlung noch Zeit hatte, in ihrem Haus zu verbringen, daß ich richtig gerührt war.

Aber ich konnte es nicht annehmen. Ich mußte allein sein, ehe ich auf dem Festplatz sprach. Dankbar für den Wald, der sich hinter dem Haus der Graylings einen langen Hügel hinaufzog, tauchte ich in das Dämmerlicht der Bäume ein, war glücklich über die frische Luft und das Gezwitscher der vielen Vögel.

Ehe ich predigen soll, habe ich manchmal das Gefühl, ich stünde vor einem schneebedeckten Berg, und der Schnee begänne zu schmelzen und in Bächen und Flüssen herunterzulaufen, die sich ins Meer ergießen. Ich spüre dann, wie

Gott durch meine Worte durstigen Seelen das Wasser des Lebens bringen will. Aber diesmal war ich es, der dieses Wasser brauchte. Ich fühlte mich geistlich ausgepumpt. Ich kam mir vor wie ein Langstreckenläufer, dem die Sonne auf den Kopf brennt, und der vor Durst nach einem großen Schluck kalten Wassers fast vergeht. Ich hätte mit David Psalm 42,2 sagen können: „Wie der Hirsch lechzt nach frischem Wasser, so schreit meine Seele, Gott, nach dir.“ Die ganze Woche war ich auf Trab, und jetzt freute ich mich, mit Gott und den Schönheiten der Natur, die er geschaffen hat, allein zu sein.

„O Gott“, bat ich, „ich bin so müde. In zwei Stunden muß ich an dem Rednerpult des Volksfestes vor Tausenden von Leuten sprechen. Ich weiß nicht, wer alles da sein wird, aber ich will mein Bestes geben. Es ist für mich aufs neue ein Wunder, so verschiedenartige Leute nach vorne kommen zu sehen, die dich als Herrn annehmen wollen. Aber jetzt bin ich wie ausgetrocknet. Wie oft habe ich nicht schon mein Bekenntnis zu dir abgelegt, manchmal schien es fast Routine zu sein. Vergib mir, Herr, laß mich nie wie eine Maschine werden. Laß mich heute abend, wenn ich die Geschichte meines Lebens und meiner Bekehrung erzähle, erneut das Wunder erleben, das du in meinem Leben bewirkt hast. Laß es frisch herauskommen und den Hörern bedeutungsvoll werden. Schenk mir deine Kraft. Und, Herr, gib mir ein Zeichen, daß du heute abend bei uns bist.“

Ich fühlte mich vor Gott wie zerschlagen. Zwei oder drei Moskitos stachen mich, aber ich spürte sie kaum. Ich breitete vor dem Herrn meine Ängste, meine Fehler und meine Schwächen aus. Und ich bat Jesus, alles in meinem Leben zu ändern, was seinem Willen entgegenstand.

Friede und Freude zogen in mein Herz. Ich spürte die Zusicherung des Herrn, daß nichts vergeblich ist, was in seinem Namen getan wird. Die Niedergeschlagenheit und Mutlosigkeit, die mich so sehr bedrückt hatten, begannen in dem wunderbaren Gefühl der liebenden Gegenwart meines himmlischen Vaters zu schwinden.

Ich wußte, daß der Teufel auf dem Rückzug war. Und als ich die herrliche Landluft in mich einsog, kam mir die Antwort auf die Frage meiner Nachbarin im Flugzeug: „Kann denn ein gütiger Gott solche Geschöpfe in der Hölle quälen?" Gott *quält* nicht, machte ich mir klar. Er läßt, wie er es uns so oft hat sagen lassen, seine Geschöpfe selber wählen zwischen Tod und Leben, Segen oder Fluch. Er hat die Luft gemacht und läßt die Sonne scheinen. Es sind der Mensch und der Teufel, die sie verunstalten und zerstören. Mir fällt da eine Party ein, die ich in meiner New Yorker Bandenzeit besuchte. Die Luft war zum Schneiden dick von Drogen, Tabakqualm und Alkohol. Hier hereinzukommen war, als ob man in die Hölle ginge. Keiner von uns mußte hier sein. Wir hatten diese stickige Luft selber geschaffen; wir atmeten sie freiwillig ein.

Und der Satan, erschaffen für eine Position großen Ansehens im Himmel, wählte selber die Hölle. Wenn er und seine Engel, die Dämonen, den ewigen Tod dem alles überdauernden Leben vorziehen, braucht Gott ihnen dabei nicht den Weg zu versperren. Gott gibt jedem von uns die freie Wahl, ob wir Zeit und Ewigkeit mit und bei ihm oder ohne ihn zubringen wollen. Satan und seine Jünger haben ihre Wahl bereits getroffen.

Der kühle Abendwind rauschte rund um mich her durch die Zweige, und mir gingen die Wunder Gottes durch den Sinn. Der Teufel setzt seine Zeichen und tut seine Wunder. Aber Gott tut wahre, dauerhafte Wunder. Ich dachte an Luis Rosario und all die anderen, die ich kennengelernt habe, die Gott der Hölle entrissen und in starke, prachtvolle Menschen gewandelt hat. Ich dachte an all die kleinen Dinge, die das Leben lebenswert machen, und an Gottes unsichtbare Wunder, die überall seine Kinder heilen, ihnen helfen und Mut machen. Ich war voll dankbarer Freude über Jesu Versprechen: „Mir ist gegeben alle Gewalt im Himmel und auf Erden... Und siehe, ich bin bei euch alle Tage bis an der Welt Ende“ (Mt 28,18 und 20).

Lange sprach ich hier im Wald mit dem Herrn. Plötzlich merkte ich, daß der Himmel sich verfinsterte. Ein Blitz zuckte, und dann folgte ein ohrenbetäubender Donnerschlag, als ob eine ganze Häuserreihe einstürzte. Es sah ganz so aus, als ob es ein schlimmes Sturmgewitter geben würde.

Ich eilte zum Haus zurück und fuhr mit den Graylings zum Rummelplatz. Dreitausend Leute hatte man zu der Veranstaltung erwartet; aber der Platz war überfüllt. „Es sind etwa siebentausend Leute da“, sagte uns ein Polizeibeamter.

Sie füllten das große Freilichttheater und standen in den Gängen. Schon bald nachdem wir mit herrlichen Chorälen, gesungen von drei Kirchenchören der Stadt, begonnen hatten, fing es an zu regnen. Ich dachte, wir könnten die Versammlung so keinesfalls durchziehen. Der Regen verstärkte sich vom Nieseln zum Sprühregen. Heftige Windstöße fegten über die Tribünen, und der Regen steigerte sich zum Wolkenbruch. Blitze zuckten, Donner krachten, und ich dachte, wir bekämen jetzt einen Vorgeschmack auf den dritten Weltkrieg. Die Zuhörer waren total durchnäßt. Ich blickte auf die ruhige und geduldige Menge und dankte Gott. Ich wußte, daß ein paar großartige Christen mit starkem Glauben unter der Zuhörerschaft waren. Ich bat den Herrn um seine Führung und forderte die Hörer auf, mit mir zu beten.

„Herr“, betete ich, „hier sind heute abend Menschen, die dich liebhaben. Hier sind Menschen, die deine Hilfe brauchen. Es gibt so viele Mächte über uns, Herr, beweise an ihnen deine Stärke. Du hältst alle Macht, im Himmel und auf Erden, in deinen Händen. Du hast auch die Macht, diesem Unwetter Einhalt zu gebieten, bis unsere Versammlung zu Ende ist. Bitte, Herr, laß dies geschehen. Amen.“

Kaum hatte ich „Amen“ gesagt, als der Regen auch schon aufhörte. Erstaunen und beglückte Freude breiteten sich auf den Gesichtern vor mir aus. Die Menge begriff, daß Gott Gebete wirklich erhört! Damit war für viele der Weg frei, ihren übernatürlichen Heiland anzunehmen. Und mein eigener Glaube war aufgerüttelt. Bei mir selbst sagte ich: „Ich danke dir, Vater.“

Etwas Derartiges hatte ich noch nie erlebt. Als ich die uralte Geschichte von Jesus und seiner Liebe zu den Menschen erzählte, sah ich strahlendes Lächeln auf regennassen Gesichtern aufleuchten. Mir gegenüber saßen Frauen, deren Haar in triefenden Strähnen herunterhing, Männer in teuren Anzügen sahen aus wie Landstreicher, die in Gräben geschlafen hatten. Aber Gott war unter uns; ich spürte seine Gegenwart und seine Sorge um jeden einzelnen hier.

Als ich diejenigen aufforderte, nach vorne zu kommen, die Christus folgen, ihr Leben ganz in seine Hand geben wollten, war ich über die große Zahl derer verblüfft, die dieser Aufforderung Folge leisteten. In ihren Schuhen quietschte das Wasser, als sie die Gänge herunterkamen, ihre Kleider tropften, aber es lag eine solche Erwartung und solcher Glaube auf ihren Gesichtern, wie ich es selten gesehen habe.

Als die Versammlung zu Ende war und die Berater mit den Neu-Bekehrten in die Beratungsräume gingen, zuckte ein neuer Blitz über den Himmel, und der Donner krachte mit

ohrenbetäubendem Lärm hinterher. Wieder schwoll der Regen zu Sturzbächen an, und die Menschen eilten zu ihren Autos, vom Sturm gezaust, der gleichzeitig neu eingesetzt hatte, wilder als vorher. Über den Lautsprecher wurde durchgesagt, daß ein Tornado in Richtung auf die Stadt im Anzug sei. Wieder einmal tat Mutter Natur ihre Arbeit. Aber zwischen den Unwettern hatte Gott seinen Fahrplan eingeschoben! Tausende von Menschen erfuhren an diesem Abend, daß er auf dem Thron der Herrschaft sitzt.
Wie bin ich glücklich, daß ich für Christus wirken darf. Ich stehe unter seinem Schutz, und der Teufel kann meine Seele nicht antasten!
Die Menschen wenden sich okkulten Praktiken zu, um mehr Sicherheit zu finden oder weil sie im voraus erfahren wollen, was ihnen die Zukunft bringt. Nun gut, aber ich könnte gar nicht nach mehr Sicherheit fragen und suchen, als ich schon gefunden habe. Über die Zukunft weiß ich alles, was wichtig ist, und Sie können das auch! Die Macht des Teufels ist eine Realität, aber Gott ist allmächtig! Ihm sei Ehre!
Jesus bietet uns ewigen Schutz und Segen an. Er wird regieren, bis jede Macht im Weltall ihm zu Füßen liegt. Im Augenblick hat der Teufel große Macht. Er kann scheinbare Wunder tun und große Täuschungen bewirken. Aber ich weiß, wohin sein Weg mit all seinen Engeln der Finsternis, den Dämonen, führt. Ich weiß, daß der Mörder und Lügner und Zerstörer, der Feind meiner Seele, von Gott, dem Gerechten, die verdiente Strafe bekommen wird.
So schließe ich diese Seiten mit den Worten:

ZUR HÖLLE MIT DEM TEUFEL!

Nicky Cruz

Flieh, Kleiner, flieh!

mit einem Vorwort von Billy Graham

264 Seiten; ISBN: 3-7615-3531-7

Die Geschichte des jungen Nicky Cruz ist allein schon deshalb bemerkenswert, weil dieser Mann einer der auffälligsten Vertreter jener Menschen ist, die in den vergangenen Jahren aus der Fessel von Verbrechen, Alkohol, Rauschgift und anderen Perversionen einer modernen Gesellschaft befreit wurden. Sein Leben umschließt alle Elemente der Tragödie, der Gewalt, der Intrige – dazu das wichtigste aller Elemente, die Macht des Evangeliums von Jesus Christus.

Die ersten Kapitel dieses überaus spannenden Buches bilden den dunklen, drohenden Hintergrund, vor dem sich eine fast beispiellose Bekehrung vollzieht. In seiner Gesamtheit aber schildert es die erregenden ersten neunundzwanzig Lebensjahre eines Mannes.

Aussaat Verlag
Neukirchen-Vluyn

Elisabeth Elliot

Durchs Tor der Herrlichkeit

204 Seiten; ISBN 3-7615-5105-3

Fünf junge Amerikaner stellen sich mit ihren Frauen ganz in den Dienst der Mission. Dem Ruf Gottes folgend und auf die Kraft ihrer glaubensstarken Herzen bauend, dringen sie im tropischen Ekuador in das Gebiet der Auca-Indianer vor, die seit Jahrhunderten dem weißen Mann ihre Urwaldheimat in erbittertem und erfolgreichem Widerstand verschließen.
Der jahrhundertealte Haß der Aucas, den die Missionare in monatelanger Vorarbeit zu überwinden gehofft hatten, bricht bei der ersten Begegnung hervor. Die Missionare geraten in einen Hinterhalt und werden ermordet.

Elisabeth Elliot, die Frau eines der Opfer, hat aus der Nähe eigenen Erlebens und unter Verwendung von Briefen und Tagebüchern der ermordeten Missionare diesen erregenden Bericht geschrieben. Er ist ein Zeugnis von seltener Eindringlichkeit.

Aussaat Verlag
Neukirchen-Vluyn

Martin Luther King jr.

Kraft zum Lieben

Betrachtungen und Reden des Friedensnobelpreisträgers

240 Seiten; ISBN 3-7615-3578-3

Die Größe und Bedeutung von Martin Luther King liegt wohl darin, daß er nicht nur ein harter und entschlossener Kämpfer war, sondern darüber hinaus ein Mensch, der selbst seine ärgsten Feinde liebte. Die in diesem Band gesammelten Predigten und Reden zeigen, aus welchen Quellen Martin Luther King seine Kraft schöpfte. Er geht in ihnen mehr von den Gesetzen aus, die sich in Gottes Lehre widerspiegeln, als von den Geschehnissen, die ihn zu einer großen Persönlichkeit werden ließen. Er spricht mit prophetischer Eindringlichkeit, und auch in gedruckter Form behalten seine Predigten die Schlichtheit und Überzeugungskraft eines Menschen, der sich von nichts niederdrücken ließ, und den sein Mut auch in der Verfolgung nie verließ. Christlicher Glaube und politischer Auftrag bildeten für Martin Luther King eine untrennbare Einheit.

Aussaat Verlag
Neuirchen-Vluyn